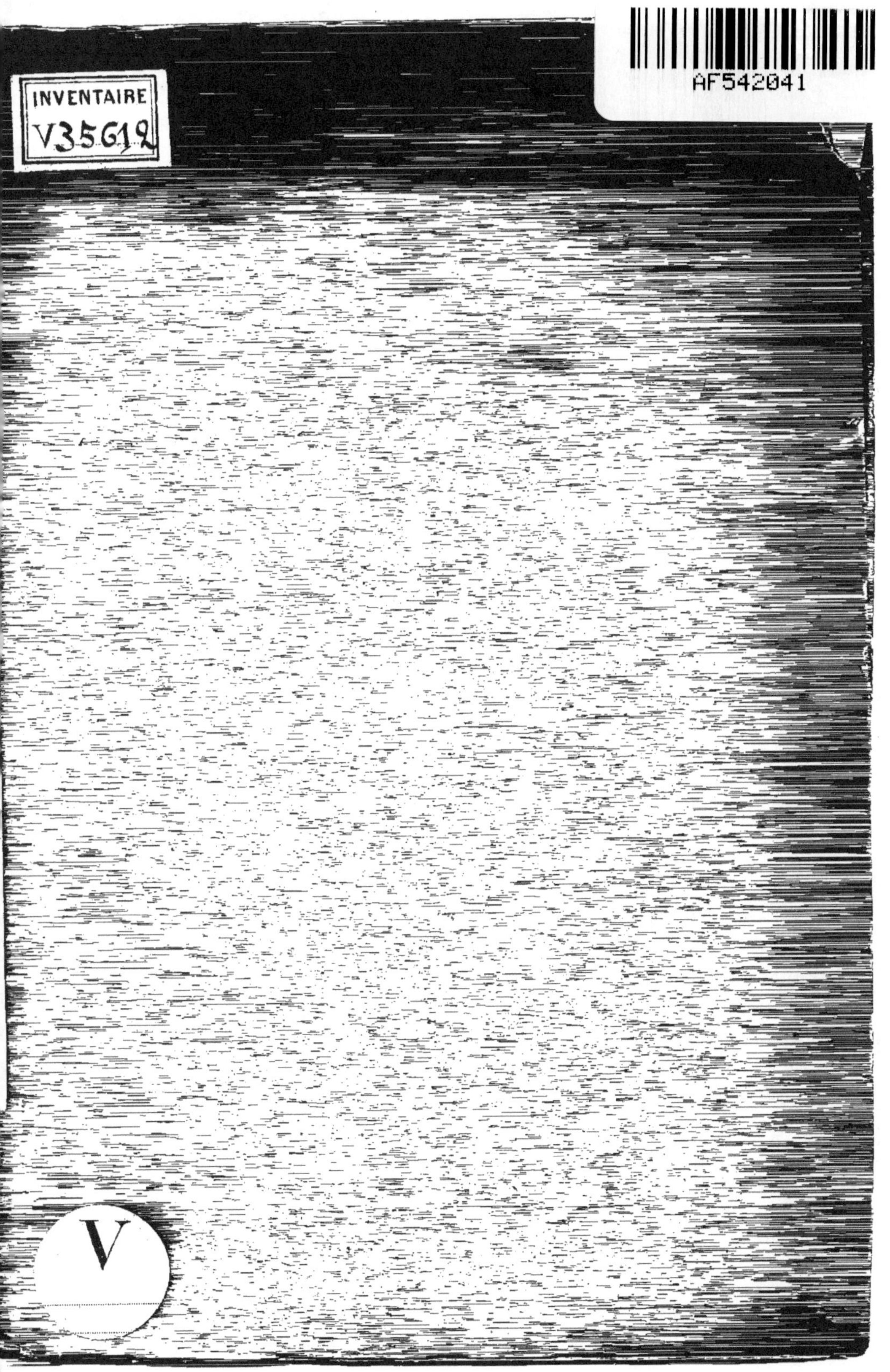

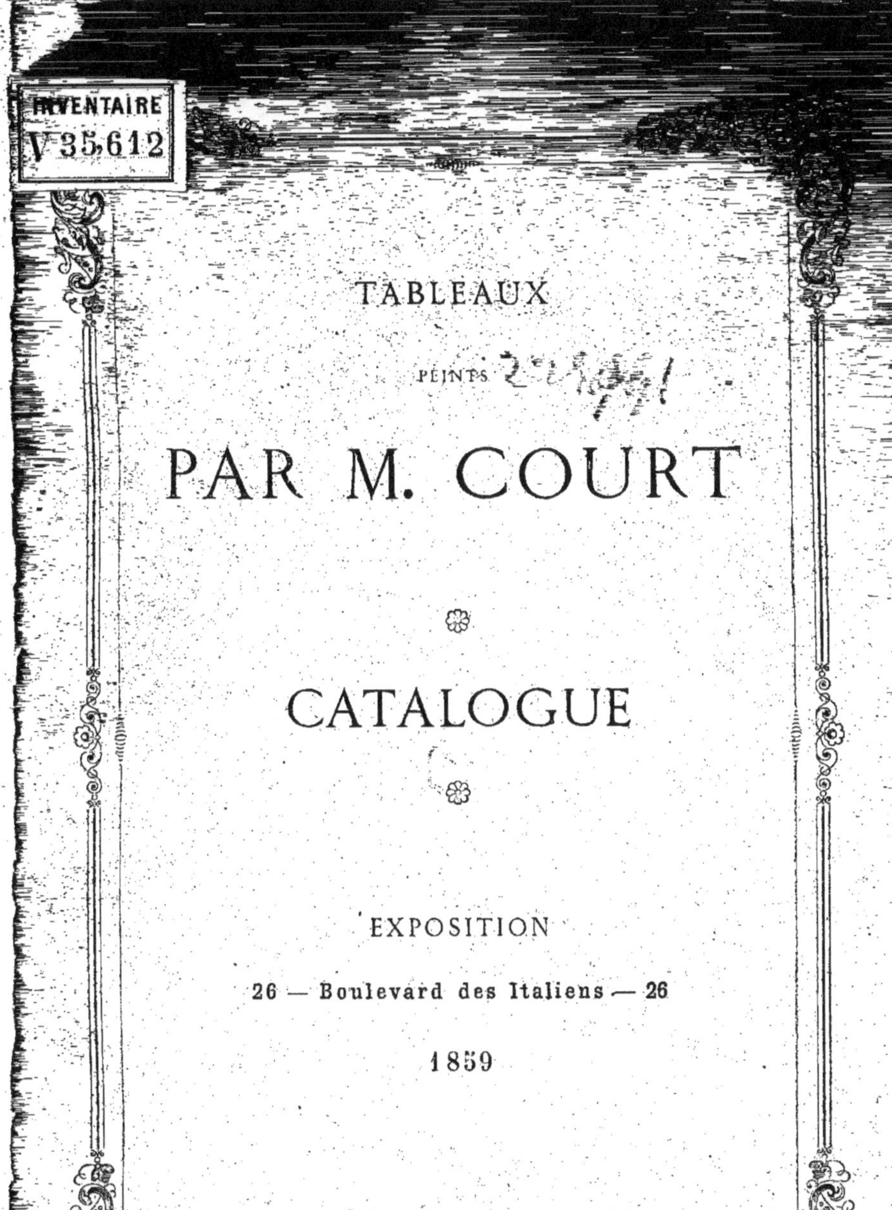

TABLEAUX

PEINTS

PAR M. COURT

CATALOGUE

EXPOSITION

26 — Boulevard des Italiens — 26

1859

TABLEAUX

PEINTS

PAR M. COURT

PARIS. — IMPRIMERIE DE J. CLAYE
RUE SAINT-BENOIT, 7

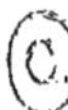

TABLEAUX

PEINTS

PAR M. COURT

EXPOSÉS

AU PROFIT DE LA CAISSE DE SECOURS

DE L'ASSOCIATION

DES ARTISTES PEINTRES, SCULPTEURS, ARCHITECTES ET DESSINATEURS

26 Boulevard des Italiens 26

PRIX : 1 FRANC.

PARIS

IMPRIMERIE DE J. CLAYE

7 RUE SAINT-BENOIT

—

1859

CATALOGUE

AVIS ESSENTIEL

SUR LE TABLEAU DU FORUM

L'originalité de ce tableau, originalité sensée et parfaitement fondée, consiste en ce que M. Court, voulant s'écarter des chemins battus, a conçu sa composition de manière à ce qu'elle empruntât son intérêt du lieu de la scène presque autant que du sujet. Rejetant donc toute vérité de convention, il a laissé aux choses leurs proportions naturelles et relatives, et plaçant sa scène de martyre dans le *Forum romain,* il a fait une sérieuse étude de toute cette place, de manière à donner à son tableau un aspect plus dramatique, plus saisissant, en transportant le spectateur dans le lieu *vrai* de sa sainte tragédie, dans le Forum tel qu'il existait du temps de Dioclétien. C'est là une grande et hardie application du principe qui doit présider à toute composition bien entendue.

Les détails contenus dans l'explication relative au *Forum* ont été puisés aux sources les plus authentiques, tant anciennes que modernes; nous aurions pu les citer au bas des pages mais, nous ne devions pas oublier que notre rôle est ici celui d'un modeste *cicerone*. D'ailleurs, nous avons colligé et transcrit presque tous ces textes dans notre livre sur *Rome au siècle d'Auguste*, et on ne doit pas répéter, même dans une humble brochure, ce qu'on a déjà mis dans un autre ouvrage, surtout quand cela n'est pas nécessaire.

Nous rappellerons seulement que les auteurs modernes, archéologues, antiquaires et architectes, dont les travaux, souvent consultés, ont servi comme de base à cette restauration grandiose et vivante de la place publique la plus célèbre du monde, sont Nardini, Piranesi, Carlo Fea, Antonio Nibby, Stephano Piale, Luigi Canina, Cokerell, Bunsen, Hirt, etc.; on a aussi beaucoup profité des belles restaurations des pensionnaires anciens ou nouveaux de l'Académie de France à Rome, et particulièrement de celles de MM. Caristi, Lefuel, Léveil, Normand, etc., conservées dans les portefeuilles de l'Institut de France (Académie des beaux-arts).

CH. DEZOBRY.

Paris, mars 1858.

CATALOGUE

1 Martyre de sainte Agnès dans le Forum romain (l'an MLVI de Rome, 303 ans après Jésus-Christ) *.

« Au moment de triompher, le christianisme eut à soutenir une « persécution générale. Poussé par Galérius, qu'excitait sa mère, ado- « ratrice des dieux des montagnes, Dioclétien assembla un conseil de « magistrats et de gens de guerre. Ce conseil fut d'avis de poursuivre « les ennemis du culte public. L'empereur envoya consulter Apollon « de Milet : Apollon répondit que les justes répandus sur la terre l'em- « pêchaient de dire la vérité; la pythonisse se plaignait d'être muette. « Les aruspices déclarèrent que les justes dont parlait Apollon étaient « les chrétiens. La persécution fut résolue. On en fixa l'époque à la « fête des *Terminales* **, jour réputé heureux et qui devait mettre fin « à la religion de Jésus...

* Voir à la fin du Catalogue, pour la description du Forum.

** Le 23 février.

« Le décret d'extermination portait, en substance : les églises seront « renversées et les livres saints brûlés; les chrétiens seront privés de « tous honneurs, de toutes dignités, et condamnés au supplice sans « distinction d'ordre et de rang; ils pourront être poursuivis devant « les tribunaux et ne pourront poursuivre personne, pas même en « réclamation de vol, réparation d'injures ou d'adultères; les affran- « chis redeviendront esclaves. » CHATEAUBRIAND, *Études historiques*, 1er Discours.

Cette époque, célèbre dans l'histoire du christianisme, est appelée l'*ère des martyrs*. L'attaque commença sous les yeux de Dioclétien et du césar Galérius, par la démolition de la basilique de Nicomédie, ville où venait d'être rendu le trop fameux édit. La persécution, d'abord locale, s'étendit ensuite dans toutes les provinces de l'empire.

A Rome, Agnes fut une de ses premières victimes. Elle était âgée de seize ans, belle et riche. De nombreux prétendants, attirés par sa fortune et par sa beauté, aspiraient à sa main; mais elle ne voulait avoir d'autre époux que Jésus-Christ, et les refusa tous successivement. Alors ils la dénoncent comme chrétienne, espérant vaincre par les menaces et l'appareil des supplices une résolution qui les désespérait. Conduite devant le juge, on la pressa de sacrifier aux idoles. Prisca, femme de Dioclétien, et Valérie sa fille, accusées de christianisme, l'avaient fait pour se sauver; Agnès, soutenue par la foi la plus ardente, fut inébranlable. Ses persécuteurs ordonnèrent de la traîner dans un infâme *lupanar;* mais sa chasteté y fut miraculeusement préservée de toute souillure. Alors ramenée devant le juge, pressée vainement de nouveau de sacrifier aux idoles, Agnès (*a*) fut condamnée à être décapitée, s'agenouilla, fit une courte prière en levant les yeux au ciel, puis baissa la tête, autant pour s'humilier devant Dieu, que pour recevoir le coup qui consomma le sacrifice.

A ce moment suprême, un officier de l'empereur (*b*) ordonne le supplice; un Éthiopien va être le bourreau (*c*), et pour ajouter à la terrreur que l'on voulait inspirer à la jeune sainte, des nécrophores (*d*) sont là devant elle, avec leur litière à morts, attendant son cadavre pour l'aller jeter au Tibre, ainsi qu'on faisait des corps des martyrs. La foule, dans laquelle il y avait beaucoup de chrétiens, s'émeut du supplice d'Agnès, et les soldats (*e*) s'empressent de réprimer brutalement ces tentatives de résistance.

Sur la droite, des bandes de chrétiens (*f*), après avoir été condamnés comme tels, sont conduits devant une statue de Jupiter (*g*), pour y subir une dernière épreuve, celle du sacrifice au roi de l'Olympe, et, sur leur refus, être envoyés à la mort.

Pendant que la scène des martyrs occupe les premiers plans du tableau, le Forum, qui se déploie en arrière, nous apparaît avec sa vie et son mouvement habituels; on rend la justice au Tribunal du préteur (8), un orateur s'adresse au peuple du haut des Rostres (9). Mais nous décrirons tout à l'heure le Forum; revenons au martyre qui est le vrai sujet du tableau.

Rome chrétienne a consacré deux fois le souvenir de la sainte fille qui, malgré son extrême jeunesse, a su s'élever à la hauteur des plus intrépides confesseurs du Christ; deux églises ont été élevées sous son invocation : l'une, qui compte parmi les plus belles de la ville, à la place Navone, sur les ruines du cirque Agonal, à l'endroit des portiques de ce monument où la jeune vierge, exposée au milieu des courtisanes, fut miraculeusement sauvée des outrages des libertins; l'autre, sur la voie Nomentane, et dite *Sainte-Agnès-hors-des-Murs*. De pieux serviteurs du Christ, ayant sauvé le corps d'Agnès, l'avaient enseveli en ce lieu. Il fut retrouvé du temps de Constantin, et Constance, fille de l'empereur, obtint de son père qu'il érigeât sur cette sépulture une église, à la mémoire de la sainte dont le Dieu lui avait donné l'empire.

(*Voir à la fin du Catalogue, pour la description du Forum.*)

2 Boissy d'Anglas présidant la Convention nationale, le 1er prairial an III de la République.

Trois heures trente-trois minutes. — Une foule nombreuse de femmes et d'hommes armés de piques, de sabres et de fusils, entrent dans la Convention. Tous portent, écrit sur une bande de papier attachée à leur chapeau : *Du pain! La constitution de* 93! et font retentir la voûte des mêmes expressions. Ceux-là ne balancent pas à compléter la violence, ils viennent droit à nos siéges, nous en chassent, et s'y asseyent...

Dans ce moment vingt fusils couchent en joue Boissy d'Anglas. Féraud, le noble Féraud escalade la tribune pour le couvrir de son corps; un séditieux le retient par son habit : un officier assène un coup de poing à ce misérable qui riposte par un coup de pistolet, la balle s'égare et atteint Féraud... Féraud tombe... On s'en empare, on l'accable de coups, et on l'entraîne dans un couloir voisin où on achève de l'assassiner!...

Pendant ce désordre épouvantable, en présence de mille morts qui le menacent, Boissy d'Anglas ne perd rien de sa dignité impassible... Il est en cet instant *quelque chose de plus que l'homme*, et plus tard encore il ne se démentit pas... Plusieurs d'entre nous, à la vue d'un pareil spectacle, oublient leur devoir, ils fuient d'abord; certains, honteux de leur démarche, reviennent...

D'autres détachements de séditieux arrivent au pas de charge, et couchent en joue le président Boissy d'Anglas; quelques-uns tirent... Il a la tête découverte, il reste dans l'attitude du calme et de la fierté, sans paraître s'apercevoir du danger qui l'environne. Il invite la Convention à observer le plus profond silence... Plusieurs citoyens l'entourent pour le défendre. De nouveaux hommes armés entrent dans la salle...

Le tumulte continue, la foule applaudit, les femmes crient, les tambours battent; un nègre, placé à la tribune, appelle les révoltés...

Duquesnoy, Soubrany, Rhull, pérorent dans le sens de la révolte; Duroy parle dans le bruit. Romme, en voulant escalader la tribune, parvient à se faire entendre; la foule lui accorde la parole qu'il demande pour *la liberté*, *l'égalité*. Boissy, agitant sa sonnette, veut interrompre l'orateur; la foule crie : A bas le président!

Tout à coup, ah! quel tableau horrible! une multitude de factieux entrent en poussant d'infâmes cris; un homme est au milieu, il tient une pique surmontée de la tête de Féraud... La foule applaudit à cet abominable trophée. On le place en face du président..... Boissy d'Anglas se lève, se découvre, et s'incline : *la vertu ne peut pas aller plus loin!...* LAMOTTE-LANGON, *Histoire pittoresque de la Convention nationale et de ses principaux membres.*

(*Voir à la fin du Catalogue, les diverses notices historiques sur cette journée.*)

3 La Commission du musée Napoléon présente à Leurs Majestés Impériales, au palais de Saint-Cloud, les plans du musée fondé à Amiens par l'Empereur.

4 Fuite de Ben-Aïssa, lieutenant d'Achmet, gouverneur de Constantine.

Au moment où l'armée française pénètre dans la ville, Ben-Aïssa, après avoir défendu la ville de Constantine, craignant de tomber au pouvoir des Français ou d'être victime des habitants qui avaient beaucoup souffert pendant le siége, se sauve au moyen de cordes qui avaient été attachées d'avance par les assiégés, et renverse tout ce qui s'oppose à sa fuite.

5 Portrait en pied de S. S. le pape Pie IX.

1848.

6 Portrait en pied de S. A. E. M. le cardinal prince de Croy, archevêque de Rouen, grand aumônier de France, etc., mort à Rouen le 1er janvier 1844.

1843.

7 Portrait en pied de monseigneur Sibour, archevêque de Paris.

1851.

8 M. Dupin au fauteuil de la présidence de l'Assemblée législative.

1850.

9 Portrait en pied du maréchal Soult, duc de Dalmatie.

1832.

10 Portrait en pied de S. E. M. le maréchal Pélissier, duc de Malakoff.

1857.

11 Christian VIII, roi de Danemark. (Étude.)

12 Caroline Amélie, reine de Danemark. (Étude.)

13 S. M. Léopold Ier, roi des Belges. (Étude.)

14 S. A. R. la princesse Louise d'Orléans, reine des Belges. (Étude.)

15 Portrait de M. le général marquis de Chasseloup-Laubat.

16 Harah Bouklick de Tiflis.

17 Mme la marquise de N...

18 Mme la comtesse G...

19 Mme la comtesse de K***.

20 Mlle de C...

21 Portrait de M. le docteur Baudelocque, inventeur du céphalotribe et de la compression de l'aorte, auteur de l'Eutocique.

22 Portrait de Mme S...

23 Descamps, directeur du musée de Rouen (mort en 1827).

24 Portrait de Mme L...

25 Portrait de M. Charles Dezobry, auteur de Rome au temps d'Auguste.

26 Portrait de Mlle G...

27 Portrait de M. Martins.

28 Portrait de Miss S...

29 Portrait de S. E. M. Achille Fould, ministre d'État. (Étude.)

30 Portrait de Mlle G...

31 Portrait de M. le général Fleury, aide de camp de Sa Majesté. (Étude.)

32 Portrait de Mlle L...

33 M. le général Rolin, adjudant général du palais.

34 Portrait de Mlle de C...

35 Portrait de Mme R...

36 Portrait de Mme la comtesse de C***.

37 Portrait de Mme la baronne de N***.

38 Portrait de Mme J...

39 Portrait de M. Lesueur, architecte.

40 Portrait de M. Theret père.

41 Portrait de M. Bressant, artiste dramatique, peint à Saint-Pétersbourg en 1845.

42 Charlotte Corday.

43 Rigolette cherchant à se distraire en l'absence de Germain.

EUGÈNE SUE, *Mystères de Paris.*

44 Rigolette à son travail.

EUGÈNE SUE, *Mystères de Paris.*

45 Fleur-de-Marie à la ferme.

EUGÈNE SUE, *Mystères de Paris.*

46 Fleur-de-Marie et son rosier.

EUGÈNE SUE, *Mystères de Paris.*

47 S. A. Amélie de Gérolstein, Fleur-de-Marie à l'abbaye de Saint-Hermangilde.

48 Une Espagnole.

49 Grazia, femme romaine.

50 Le Domino rose.

51 Graziella, Napolitaine.

52 Le Matin.

53 Flavia, femme des environs de Rome.

54 Portrait de M. le comte Odoard.

55 Portrait de M. le chevalier Odoard.

56 Portrait de Mme P***.

57 Portrait des enfants de M. Émile Barbet.

58 Portrait de M. Cheruel, architecte.

59 Portrait de M. C***.

60 Portrait de M. l'abbé Coquant, curé de l'église Saint-Eugène.

61 Portrait de M. D***.

62 Portrait de M. Dupont.

PORTRAITS. — ÉTUDES

63 Mme de Foneville.

64 M. le comte de Mérode.

65 M. le marquis de Tanlay.

66 M. le duc Decazes.

67 M. Denis.

68 Ben-Aïssa, gouverneur de Constantine.

69 M. Grard.

70 M. Gilbert des Voisins.

71 M. le comte de Betz.

72 M. ***, membre de la Société des Antiquaires d'Amiens.

73 M. le général de Salles.

74 M. le général ***.

75 M. ***, ingénieur.

76 M. le comte Tascher de La Pagerie.

77 M. Cheussé.

78 M..., membre de la Société des Antiquaires d'Amiens.

79 M. ***, ancien député.

80 M..., membre de la Société des Antiquaires d'Amiens.

81 M. Parent, architecte.

82 M. Rigolaud.

83 M. le comte de Lusignan.

84 M. le duc Bassano, grand chambellan.

85 M. le comte de Laborde, député.

86 M. le comte de Beaumont.

87 M. le général Boyer.

88 M. le comte de Sucy.

89 M. Bouthors.

90 M. le général Athalin.

91 M. ***, préfet d'Agen en 1836.

92 M. de Jolibois, procureur impérial.

93 M. le général ***.

94 M. le maréchal Lobau.

95 M. ***, ancien député.

96 M. l'abbé Corbelet.

97 M. le général Marbot.

98 M. Dumont, ancien ministre.

99 M. Amédé Thayer.

100 M. le maréchal Vallé.

101 M. le duc Decazes, ancien pair de France

102 M. le général Pajol.

103 M. ***, membre de la Société des Antiquaires d'Amiens.

104 M. Dufour.

105 M. le général de Monthyon.

106 M..., ancien député.

107 M. le général Baudrand.

108 M. le général Rulhières.

109 M. Viennet.

110 M. le comte de Montalivet.

111 M. le général Jacqueminot, ancien député.

112 M. le président Séguier.

113 M. le marquis de Saint-Aignan.

114 M. le maréchal Gérard.

115 M..., ancien député.

116 M. le général de Rumigny, ancien député.

117 M. Job, ingénieur.

118 M. Paul de Kock.

119 M. le comte de La Rochefoucauld.

120 M. Garnier, bibliothécaire.

121 M. Barthe, ancien ministre.

122 M. Allard, maire de la ville d'Amiens.

123 M. de Kératry.

124 M. le docteur Marc, ancien député.

125 M. Barierre, homme de lettres.

126 M. Charles Dupin.

127 M. le baron Pasquier.

128 M. le général de Berthois.

129 M. le comte de Bondy.

130 M. le général Dariulle.

131 M..., ingénieur.

132 M. Giraud de l'Ain, ancien ministre.

133 M. le comte de Mathan, lieutenant-colonel.

134 M. le baron Pasquier, grand chancelier.

135 M. le général Heymès.

136 M. le général Lascourt, ancien député.

137 M. le comte Molé, ancien ministre.

138 M..., ancien député.

139 M. le général ***.

140 M. Maret, duc de Bassano.

141 M. le général Lagrange.

142 M. Clément.

143 M. Raymond, maire d'Agen.

144 M. le comte de Saint-Aignan.

145 M. le maréchal Soult.

146 M. le général Dumas.

147 M. le comte de Montalivet.

148 Monseigneur Gallard, évêque de Meaux.

149 M. le comte Boissy d'Anglas.

150 M..., ancien député.

151 M. Bérard, ancien deputé.

152 M. le général ***.

153 M. Dupin, ancien député.

154 M. le comte de Girardin.

155 M. Bernard de Rennes.

156 M. le duc de Choiseul.

157 M. le général Boyer.

158 M. le comte Lehon, ancien ambassadeur.

159 M. Barbet, ancien pair de France.

160 M. Boissy d'Anglas, ancien député.

161 M. Blanche.

162 M. Estienne, ancien député.

163 M. le comte d'Argout, ancien ministre.

164 M. Bouet, ancien député.

165 M. Lefebvre, ancien député.

166 M. le général d'Houdetot.

MARTYRE DE SAINTE AGNÈS dans le FORUM ROMAIN, l'an MLVI de ROME, 303 ans de JÉSUS, peint par J.-D. COURT

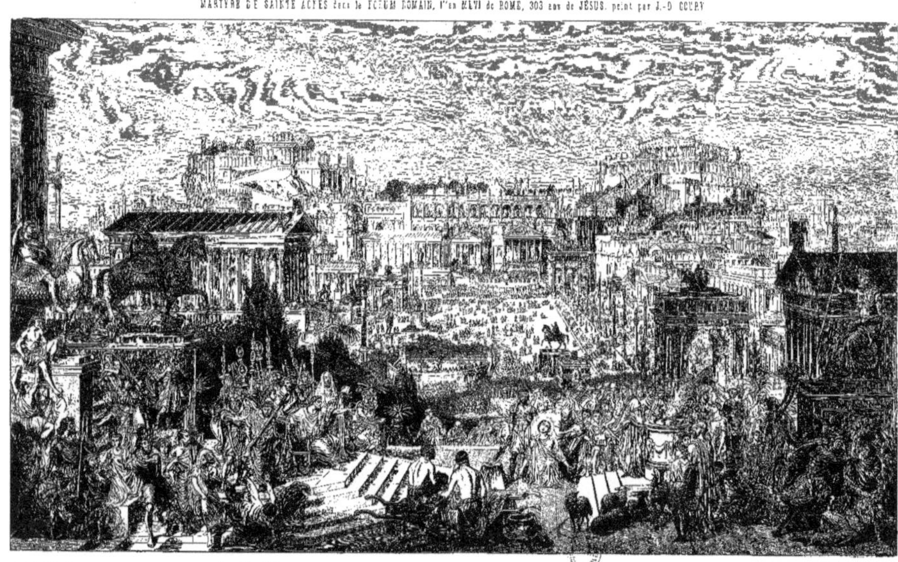

J.-D. COURT, P. — Imprimé par Walder. — J. GAGNIET, D. — Typ. Walder. — L. DEGHOUY, SC.

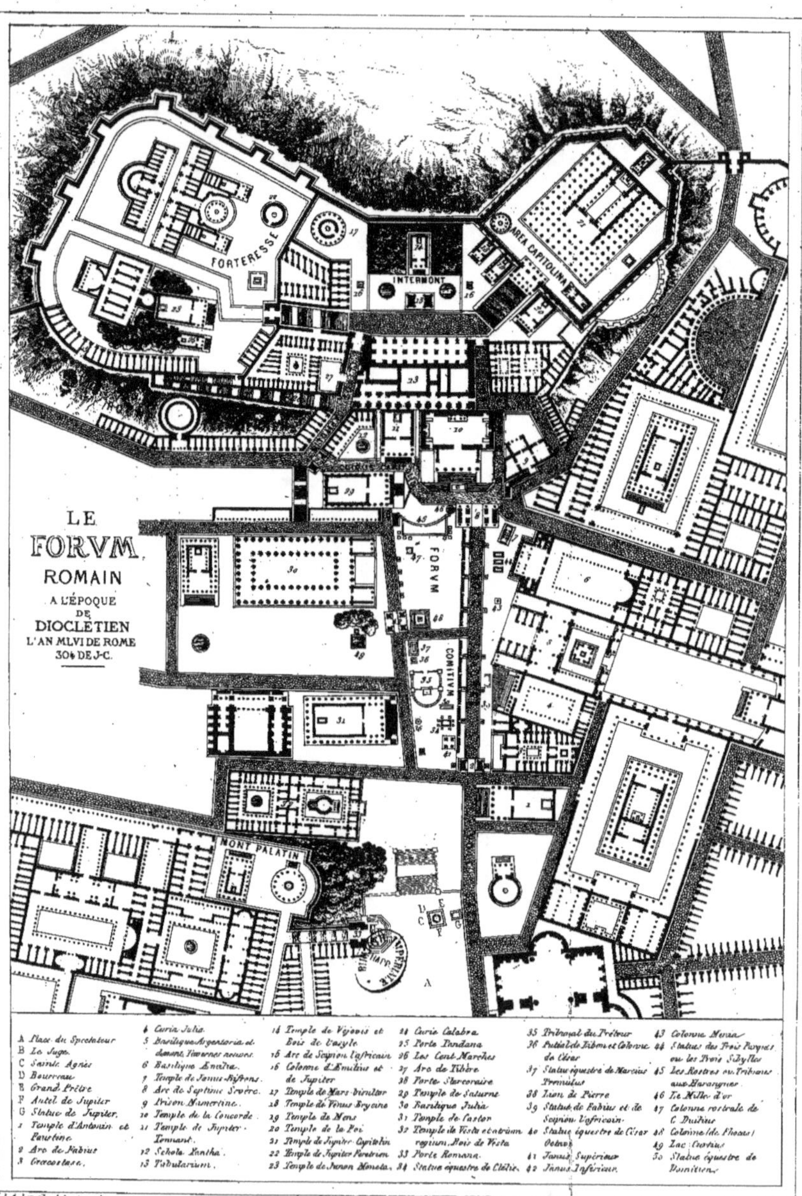
LE FORVM ROMAIN A L'ÉPOQUE DE DIOCLÉTIEN L'AN MLVI DE ROME 304 DE J.-C.
FORTERESSE
INTERMONT
AREA CAPITOLINA
FORVM
COMITIVM
MONT PALATIN
A Place du Spectateur
B Le Juge.
C Sainte Agnès
D Bourreau
E Grand Prêtre
F Autel de Jupiter
G Statue de Jupiter.
1 Temple d'Antonin et Faustine.
2 Arc de Fabius
3 Graecostase.
4 Curia Julia.
5 Basilique Argentoria et devant Tavernes neuves.
6 Basilique Emilia.
7 Temple de Janus Bifrons.
8 Arc de Septime Sévère.
9 Prison Mamertine.
10 Temple de la Concorde.
11 Temple de Jupiter Tonnant.
12 Schola Xantha.
13 Tabularium.
14 Temple de Vejovis et Bois de l'asyle.
15 Arc de Scipion l'africain
16 Colonne d'Emilius et de Jupiter
17 Temple de Mars Ultor
18 Temple de Venus Erycine
19 Temple de Mens
20 Temple de la Foi
21 Temple de Jupiter Capitolin
22 Temple de Jupiter Feretrien
23 Temple de Junon Moneta.
24 Curia Calabra
25 Porte Pandana
26 Les Cent Marches
27 Arc de Tibère
28 Porte Stercoraire
29 Temple de Saturne
30 Basilique Julia
31 Temple de Castor
32 Temple de Vesta et atrium regium, Bois de Vesta
33 Porte Romana.
34 Statue équestre de Clélie.
35 Tribunal du Préteur
36 Puteal de Libon et Colonne de César
37 Statue équestre de Marcius Tremulus
38 Lion de Pierre
39 Statue de Fabius et de Scipion l'africain.
40 Statue équestre de César Octave
41 Janus Supérieur
42 Janus Inférieur.
43 Colonne Menia
44 Statues des Trois Parques ou les Trois Sibylles
45 Les Rostres ou Tribunes aux Harangues.
46 Le Mille d'or
47 Colonne rostrale de C. Duilius
48 Colonne de Phocas
49 Lac Curtius
50 Statue équestre de Domitien.
J. A. Leveil del. et sculp.

FORUM ROMAIN

DESCRIPTION SCÉNOGRAPHIQUE ET HISTORIQUE

PAR M. DEZOBRY

Situation, proportions, plans et limites du Forum. — Le Forum romain, la plus célèbre place de Rome ancienne, était situé entre le mont Capitolin, que l'on voit au fond du tableau, le mont Palatin au sud, et les monts Quirinal et Esquilin au nord. Le cadre n'embrasse pas ces trois dernières collines, dont le mont Palatin serait à notre gauche, et les autres à notre droite.

La place s'étendait dans le sens de la vallée, de l'est, point où nous sommes, à l'ouest, qui est notre horizon, sur une longueur de deux cents mètres; en d'autres termes, des premiers plans du tableau jusqu'au fond.

Sa forme était celle d'un trapèze, dont la plus grande largeur, au pied du Capitolin, était de soixante-cinq mètres environ; et la moindre, à l'extrémité opposée, c'est-à-dire à l'est, de quarante mètres. Cette largeur est accusée d'une manière authentique : au nord (à notre droite), par la *voie Sacrée,* qui conserve encore aux deux extrémités des restes de son pavé antique; au sud (à notre gauche), par une deuxième voie à peu près parallèle, dont on ignore le nom, mais qui garde aussi, vers ses extrémités opposées, des restes de pavé antique.

Le Forum a ceci de remarquable que deux arcs de triomphe, l'*Arc de Fabius* et l'*Arc de Septime-Sévère*, dont nous parlerons tout à l'heure, marquaient ses limites extrêmes. Le hasard a produit cette singulière rencontre pour le lieu qui était le quartier général du peuple le plus guerrier de la terre, car ces deux monuments furent élevés à plus de trois siècles d'intervalle l'un de l'autre.

Côté droit.

N. B. On a marqué d'une étoile * tous les édifices ou les monuments dont il existe encore des ruines. — Les Nos sont ceux du *Plan* et de la *Vue* joints à cette brochure.

1.* Temple d'Antonin et Faustine. — C'est le premier qui se voit à droite, avec six grandes colonnes corinthiennes de front, en marbre cipolin. Il fut élevé par Antonin le Pieux, après la mort et en l'honneur de Faustine l'aînée, sa femme, que le sénat avait divinisée. Lorsque l'apothéose eut atteint l'empereur à son tour, le même sénat décréta que le temple serait aussi consacré au *divin Antonin*. Cette double dédicace est relatée dans une inscription gravée sur l'architrave de la façade.

Les dix colonnes du portique et une partie des murs latéraux subsistaient encore, lorsqu'en 1602 on restaura la cella du temple pour y constuire l'église actuelle de *San Lorenzo in Miranda*.

* Voie sacrée. — La rue qui passe devant le temple, et qui est pavée en polygones irréguliers, est la *Voie Sacrée*, la plus célèbre des rues de Rome. Elle se dirige droit jusqu'au pied du mont Capitolin, en traversant tout le Forum. C'était aussi une des plus anciennes rues de la ville, car elle datait du temps de Romulus et de Tatius, et reçut son nom de ce que ce fut sur son emplacement que les deux rois jurèrent alliance après la réconciliation qui suivit l'enlèvement des Sabines.

Il reste encore quelques parties du pavé de la voie Sacrée, devant le temple d'Antonin et Faustine, et aux abords de l'Arc de Septime-Sévère. Il est encadré dans de grosses bordures appelées *marges*, larges de $0^{m}65$; la chaussée a $7^{m}65$.

2. Arc de Fabius. — Il s'élevait à l'entrée du Forum, à l'est, à cheval sur la voie Sacrée (au second plan du tableau). Quintus Fabius Maximus, consul l'an 632 de Rome, 121 avant J.-C., l'érigea à la suite d'une grande victoire remportée par lui sur les Allobroges (peuples du Dauphiné et de la Savoie).

Il ne reste rien de ce monument, mais sa position est très-clairement indiquée dans ce lieu.

3. GRÆCOSTASE. — C'était un édifice qui servait de salle ou de galerie d'attente aux ambassadeurs étrangers que le sénat devait admettre à son audience. Son nom signifiait la *station des Grecs*, les Grecs étant pris ici pour désigner les étrangers en général.

4. CURIE JULIA, ci-devant CURIE HOSTILIA. — C'était une espèce de grande basilique, dans laquelle le sénat s'assemblait le plus ordinairement. Tullus Hostilius, troisième roi de Rome, l'avait bâtie vers l'an 100 de la ville, 653 avant J.-C., et elle porta son nom jusqu'à l'an 701 de Rome ; alors elle fut incendiée aux funérailles du fameux tribun du peuple Clodius. Neuf ans après, les triumvirs commencèrent de la rebâtir ; Auguste l'acheva, l'an 725, et la dédia sous le nom de *Curie Julia*, du nom de son oncle Jules-César.

Cet édifice est entièrement perdu ; mais sa position n'est pas douteuse devant le Comitium.

5. BASILIQUE ARGENTARIA, et devant : TAVERNES NEUVES. — Au-dessus de la Curie Julia est la Basilique *Argentaria*, dite aussi *Fulvia*, du censeur M. Fulvius, qui la bâtit l'an 573 de Rome : le consul Æmilius Paulus la restaura l'an 699. Il n'en reste rien.—Devant, adossées à l'édifice, étaient les *Tavernes neuves*, dites aussi les cinq ou les sept tavernes, qui étaient des comptoirs de changeurs ou de banquiers.

6.* BASILIQUE ÆMILIA. — A la suite de la basilique Argentaria, vers le mont Capitolin, ce bel édifice avec un grand portique de douze colonnes corinthiennes accouplées, au-dessus desquelles est un deuxième ordre formant une loggia, est la *Basilique Æmilia*, dite aussi de *Paulus*. Le consul Æmilius Paulus Lepidus la commença l'an 699 de Rome, et l'acheva l'an 720, ou 33 ans avant J.-C. Les colonnes avaient environ douze mètres de haut, et toutes étaient en marbre phrygien (aujourd'hui paonazzetto), blanc mêlé de violet. Æmilius déploya une telle magnificence dans cette construction qu'il n'aurait pu y suffire si César, qui méditait alors de s'emparer du pouvoir, ne lui avait acheté son appui par un don de 1,500 talents, valant de notre monnaie 7,824,900 fr.

On croit que l'église Saint-Adrien qui, au VIIe siècle, était dite quelquefois dans la *voie Sacrée*, s'élève sur l'emplacement de cette basilique, et que vingt-quatre magnifiques colonnes monolithes, qui se voyaient encore à Saint-Paul-hors-les-Murs, avant l'incendie qui détuisit cette église en 1823, provenaient de l'édifice d'Æmilius.

7. TEMPLE DE JANUS BIFRONS. — Ce tout petit édifice carré, un peu en avant du portique de la basilique Æmilia, est le temple de *Janus Bifrons*. Il était si petit qu'il n'y avait, à son intérieur, de place que pour la statue du dieu. L'autel est devant le temple.

Romulus et Tatius construisirent cet édicule entre les monts Capitolin et Quirinal. Comme il était tout en airain, ainsi que la statue du dieu, il a dû être des premiers détruits quand Rome a été saccagée.

Fond du tableau.

Nous allons passer maintenant au fond du tableau, en commençant par le pied du mont Capitolin et montant successivement.

8.* ARC DE TRIOMPHE DE SEPTIME-SÉVÈRE. — C'est le premier monument qui se présente au pied de la colline, juste à l'extrémité de la voie Sacrée. Il est à trois portes et la voie passe sous la porte centrale. Il fut élevé vers l'an 955 de Rome, 202 de J.-C., par le sénat et le peuple romain, à l'empereur Septime-Sévère et à ses fils Caracalla et Géta, qui furent admis à partager le triomphe décerné à leur père pour ses victoires dans l'Adiabène et la Parthyène (partie du Kourdistan et du Khoraçan).

Cet arc, tout en marbre blanc massif, est encore entier, quoique bien endommagé dans ses détails. Le char à six chevaux qui le surmonte, les deux statues pédestres et les deux statues équestres sont des restaurations. Le monument a 23 mètres de hauteur, 25 mètres de largeur et 11m80 de profondeur, proportions d'un tiers environ plus fortes que celles de l'arc napoléonien du Carrousel, à Paris.

9.* PRISON MAMERTINE. — Après avoir passé sous l'Arc de Sévère, on trouve, un peu sur la droite, une rue en degrés qui monte au Capitolin : c'est le *Clivus de l'Asile*. En bas, et à l'angle de ce Clivus, vous voyez la *Prison publique*. Sa façade est un mur lisse, en grosses pierres de taille, avec une seule porte. Une espèce d'attique forme son amortissement. L'escalier qui part à peu près du centre de la façade, en descendant vers l'angle gauche, s'appelle les *Degrès Gèmonies* ou, par abréviation, les *Gèmonies*. Toute la façade a 15^{m}60 de développement et 5^{m}20 de hauteur; ce serait bien exigu pour une prison; mais celle-ci était seulement un lieu d'exécution pour les criminels de lèse-majesté : on les étranglait dans le *Tullianum*, partie souterraine de la prison, puis, avec de grands crocs, leurs cadavres étaient tirés de là et jetés sur les Gémonies. L'entrée des condamnés était du côté opposé à la façade, sur la colline.

La Prison fut construite par Ancus. Marcius, quatrième roi de Rome, vers l'an 116 de la ville, 637 ans avant J.-C. On l'appela *Mamertine*, de Mamercus, qui est le même nom que Marcius en vieux latin. Servius Tullius l'augmenta d'un cachot souterrain, qu'on appella *Tullianum*. Ce monument, qui a aujourd'hui près de 2500 ans d'existence, subsiste encore. En 1539, on a construit dessus une petite église consacrée à *san Giuseppe de' falegnami* (saint Joseph des charpentiers) et à *saint Pierre dans la prison*, parce que ce prince des apôtres fut enfermé dans le Tullianum avant d'être conduit au supplice, l'an 66 de J.-C.

10.* Temple de la Concorde.— A gauche du Clivius de l'Asile, en parallèle à peu près de la Prison, le grand temple avec portique en avant-corps, orné d'un fronton reposant sur six grandes colonnes cannelées, est le *Temple de la Concorde*. Il est célèbre parce que Cicéron y réunit le sénat lors de la conjuration de Catilina, le lieu lui ayant sans doute paru plus propice pour faire passer immédiatement les coupables de l'assemblée dans la prison, où il devait les faire mettre à mort.

Ce temple, voué par Camille, l'an 388 de Rome, 365 avant J.-C., fut restauré ou plutôt réédifié par Tibère l'an 764, car sa construction en marbre blanc dénote un édifice du temps des empereurs. Tibère y consacra le butin qu'il avait fait dans une guerre d'Illyrie. Une partie des murs d'enceinte de la cella et du pavé intérieur existe encore; on a trouvé dans les fouilles des fragments et plusieurs bases de colonnes d'un beau travail, et qui sont gardés aujourd'hui au musée Capitolin.

11.* Temple de Jupiter Tonnant. — Nous nommons ainsi le temple, de moindres proportions, situé en parallèle et à gauche du précédent. Il fut élevé par l'empereur Auguste, l'an 732 de Rome, 21 avant J.-C., au retour de sa guerre contre les Cantabres (peuple de l'Espagne Tarraconaise). Pendant cette guerre, voyageant de nuit, la foudre frappa sa litière et tua l'esclave qui l'éclairait. En reconnaissance de ce que la foudre divine l'avait épargné, il voua ce temple à Jupiter Tonnant.

Il reste encore deux colonnes de l'angle droit de la façade, et une troisième en retour du même côté. Elles sont en marbre blanc, d'ordre corinthien, cannelées, et de la plus belle architecture. Leur chapiteau, l'un des plus élégants qui existent, a servi de modèle pour ceux du palais de la Bourse de Paris.

12.* Scola Xantha ou Portique du Clivus. — Ce sont les petits édifices à gauche du temple de Jupiter Tonnant, et au bord du Clivus Capitolin, rue qui, de ce côté, monte au Capitole. On les appelait *Schola Xantha* d'un certain Fabius Xanthus qui les fit restaurer; mais leur véritable nom était *École des scribes, des libraires et des hérauts des édiles curules,* parce que c'étaient les chambres d'assemblées de ces corporations. Chacune a 7 mètres de haut sur 6 de profondeur environ. Il en existe encore des ruines, ainsi que du portique en colonnade qui était devant.

13.* Tabularium. — Portons nos regards un peu plus haut, immédiatement derrière les temples de la Concorde et de Jupiter Tonnant; nous y voyons un grand portique de onze arcades, à deux rangs superposés, avec colonnes doriques à demi engagées sur leurs pieds-droits, et dont les temples nous cachent presque tout le rang inférieur : c'est là le fameux *Tabularium*, archive du peuple romain, où l'on déposait, gravés sur des tables d'airain, les originaux des lois et des traités publics, et les sénatus-consultes.

Cette construction, moins l'étage supérieur, existe encore, mais fort altérée. Le mur de soubassement est un ouvrage des Tarquins, fait pour soutenir les terres de l'Intermont, c'est-à-dire qu'il a près de 2500 ans d'antiquité. Il est tout en grosses pierres de taille posées et jointes sans ciment. — Le Tabularium date du temps de la république; ses colonnes en pierre tiburtine (travertin) suffiraient pour l'indiquer. Il paraît avoir été construit vers l'an 674 de Rome, 79 av. J.-C., par Lutatius Catulus, consul.

Le Capitole. — Au delà du Tabularium on est sur le mont Capitolin, dont l'ensemble était appelé vulgairement *le Capitole.* Il y avait cependant trois parties bien distinctes : au nord, c'est-à-dire à notre droite, le *Temple de Jupiter;* — au sud, à notre gauche, *la*

Forteresse; — entre les deux, immédiatement derrière le Tabularium, l'*Intermont.*

INTERMONT. — Le mont Capitolin se terminait à chacune de ses extrémités par un mamelon, de sorte que le milieu formant comme une petite vallée en avait reçu le nom d'*Intermont* ou Entremont. Elle était peu spacieuse et contenait :

14. *Le Bois de l'Asile*, refuge ouvert par Romulus aux fugitifs des pays voisins; — au centre, le *Temple de Véjovis* ou Jupiter Enfant. — Nous apercevons le haut des vieux arbres de l'Asile, et le faîte du temple de Véjovis.

15. *Arc de Scipion l'Africain*, vis-à-vis du temple de Véjovis. Il fut bâti, l'an 562 de Rome, par Scipion, qui établit de chaque côté une fontaine de marbre. Cet arc et ces fontaines nous sont masqués par le Tabularium; mais par-dessus cette dernière galerie, nous apercevons encore :

16. Deux colonnes monumentales, l'une était la *Colonne rostrale* d'Æmilius, érigée l'an 498 de Rome; l'autre la *Colonne de Jupiter*, surmontée de la statue du dieu.

17. *Temple de Mars Bisultor*, à gauche du Bois de l'Asile. Il est circulaire, entouré de colonnes, et couvert d'une coupole. L'empereur Auguste l'érigea vers l'an 732 ou 733, pour y placer les enseignes romaines, jadis perdues par Crassus, et rendues par Phraate, roi des Parthes.

18, 19, 20. Temples de *Vénus Ericyne* et de *Mens*, voués l'un et l'autre l'an 535, et dédiés deux ans après : ils étaient fort petits et le Tabularium nous les masque; — le *Temple de la Foi,* édifice plus spacieux, dédié par Atilius Calatinus, qui fut consul l'an 495 de Rome. On l'aperçoit en partie, à droite de l'escalier qui conduit de l'Intermont au Temple de Jupiter.

21. *Temple de Jupiter.* — C'est le grand temple que nous voyons à droite, sur la partie la plus haute du mont Capitolin. Il s'élève au milieu d'une esplanade formée par des murs de soutènement, et dont il occupe presque toute la surface. Cette esplanade, appelée *Area Capitoline,* dominait l'Intermont de 20 pieds romains (6 mètres) environ, et formait une enceinte close de murs, où l'on n'arrivait que par un *escalier à cordonata*, que nous voyons partir du sol de l'Intermont et aboutir à un petit portique muni de fortes portes. Cette clôture était nécessaire, non-seulement pour la sûreté du

3

temple même, qui renfermait une foule d'objets précieux, mais aussi de l'Area, où beaucoup d'objets d'arts, et surtout de statues, étaient consacrés par la piété des Romains ou des étrangers; il y avait, entre autres, deux statues colossales que l'on aperçoit par-dessus les murs de l'Area : à droite du temple, celle de *Jupiter;* à gauche, celle d'*Hercule*, toutes deux en airain.

Revenons au Temple : il est d'ordre corinthien; toutes les colonnes en sont en marbre blanc pentélique, et le toit est en airain, relevé de rosaces d'or. Au centre, on remarque un grand à jour, qui indique la nef devant la cella de Jupiter, parce que, suivant un antique usage, venu des Étrusques, le roi de l'Olympe devait toujours être adoré sous la voûte des cieux.

L'église de Santa-Maria de l'Ara Cœli est construite sur les ruines du temple de Jupiter Capitolin, mais dans un sens transversal au temple; on l'appelait même, originairement, *Sainte-Marie-sur-le-Capitole.* — En 1834, on a retrouvé quelques traces du grand escalier de l'Intermont, en faisant des fouilles derrière le musée Capitolin, qui en occupe la place.

La Forteresse. — Descendons maintenant de l'Area Capitoline, traversons l'Intermont, et montons à la Forteresse, par un second escalier à *cordonata*, que nous ne pouvons voir d'ici, mais moins long que l'autre, parce que le plateau de la Forteresse était de 3 mètres environ moins haut que celui du Temple. Ici, l'enceinte est munie de tours. A l'intérieur il y avait divers temples; les plus authentiques sont :

22. TEMPLE DE JUPITER FÉRÉTRIEN, dans la partie la plus éloignée. Petit temple bâti par Romulus l'an 4 de Rome, pour y consacrer les dépouilles opimes du roi des Céniniens, qu'il avait tué de sa main. L'édifice n'avait que $4^{m}50$ de long.

23. TEMPLE DE JUNON MONETA, entre le précédent et un autre petit édifice dont nous allons parler tout à l'heure; c'était l'endroit où l'on fabriquait la monnaie, dans des ateliers accessoires. Ce temple fut voué par Camille, l'an 410 de Rome, en l'honneur de *Junon Conseillère*, car c'est ce que signifie le mot *moneta;* il s'élevait sur l'emplacement de la maison de Manlius Capitolinus.

24. CURIE CALABRA. — C'est le petit édifice que l'on voit sur la gauche et en parallèle du temple de Junon Moneta. Il datait des premiers temps de Rome, et c'était de son portique que les prêtres observaient chaque mois le lever de la nouvelle lune, pour l'annoncer au peuple à haute voix.

25. Porte Pandana. — Derrière la Curie Calabra, à peu de distance, il y a dans la muraille une ouverture à rez-de-terre, que l'on pourrait regarder, à cette hauteur, comme une fenêtre; c'est une porte; elle n'a point de fermeture, et on l'appelle *Pandana*, c'est-à-dire ouverte. Suivant la tradition, Brennus, après avoir pris Rome, et même le Capitole, dictant les conditions de sa retraite, fit engager les Romains à laisser, lorsqu'ils rétabliraient leur ville, une porte perpétuellement ouverte. Mais pour rendre illusoire l'effet de cette promesse, qu'ils avaient faite sous serment, les Romains placèrent la porte Pandana dans un lieu inaccessible, en haut de la roche Tarpéienne, que vous voyez au-dessous.

26. Les Cent Marches. — Sur le flanc de la roche Tarpéienne que nous venons de nommer, et en parallèle de la Curie Calabra, la grande rampe que l'on voit et qui s'élève jusqu'au plateau de la Forteresse, en se doublant, est un escalier que l'on appelait les *Cent Marches*, parce que c'était à peu près le nombre de ses degrés; car à partir du Clivus Capitolin, où il commençait, la roche Tarpéienne n'avait que 16 à 17 mètres d'élévation.

27. Porte Stercoraire. — Nous ne pouvons l'apercevoir, parce qu'elle se trouvait dans le Clivus Capitolin, à droite de l'escalier des Cent Marches. Elle formait une impasse appelée *Angiportum*, où l'on déposait les cendres du feu entretenu sur l'autel du temple de Vesta.

28. Arc de Tibère. — Il est un peu en deçà des Cent Marches, sur le Clivus Capitolin; nous en voyons seulement le sommet. On l'érigea l'an 769 de Rome, en l'honneur de Tibère, sous les auspices duquel Germanicus avait vaincu les Germains et recouvré les enseignes perdues par Varus.

Côté gauche.

Nous redescendons sur le Forum, et nous allons passer en revue la ligne de ses édifices qui regardent le nord.

29*. Temple de Saturne. — Il est au pied de la montagne, en deçà du Clivus Capitolin, et se présente de flanc, en s'avançant un peu sur la façade du temple de Jupiter Tonnant. Tullus Hostilius, 3e roi de Rome, le construisit, ou du moins le commença vers l'an 83 de la ville ; Valerius Publicola, consul l'an 245, l'affecta au Trésor public (*Ærarium*), destination qu'il conserva perpétuellement.

Ce temple fut restauré par Munatius Planchus, l'an 711 de Rome, et plus tard, sous Vespasien, à la suite d'un incendie. Il en reste encore 8 colonnes ioniques, en granit gris, 6 de la façade, et une en retour de chaque côté.

30* BASILIQUE JULIA. — Au-dessous du temple de Saturne, en venant vers nous, ce grand édifice en arcades par le bas, avec colonnes à demi engagées dans les pieds-droits, et en colonnade par le haut, est la *Basilique Julia*. Une rue la sépare du temple de Saturne.

Cette basilique était un des plus beaux monuments de Rome ; Jules-César, dont elle portait le nom, la commença ; Auguste l'acheva. Pendant son règne, un incendie la détruisit ; il la réédifia plus grande et plus belle, sous le nom de ses fils adoptifs Lucius et Caïus, et lui donna même le nom de ces jeunes gens ; mais le nom primitif prévalut sur celui de *Basilique de Lucius et Caïus*. — On a retrouvé l'emplacement et beaucoup de fragments de cet édifice.

31. * TEMPLE DE CASTOR ET POLLUX. — C'est le dernier grand temple, entouré d'une colonnade corinthienne cannelée, qui se présente à nous de flanc sur le troisième plan du tableau. — Le Temple de Castor et Pollux fut voué par le dictateur Posthumius, pendant une guerre contre les Latins, l'an 255 de Rome, et dédié 15 ans après, ce qui annonce que c'était une construction importante. Celui que nous avons sous les yeux est une réédification faite par Tibère et Drusus. Elle est tout en marbre blanc, comme les édifices de l'époque impériale.

Il reste de ce temple trois colonnes debout avec leur architrave ; ce sont les 4e, 5e et 6e du portique latéral que nous avons sous les yeux, à partir de l'angle de la façade sur le Forum : elles sont magnifiques.

32. BOIS, TEMPLE DE VESTA ET ATRIUM REGIUM OU REGIA. — Ce bois que nous voyons au second plan du tableau, en deçà du temple de Castor, est le *Bois de Vesta*. Devant passe la *voie Neuve*, qui vient longer le côté occidental du mont Palatin.

On voit, par-dessus les touffes du bois, le haut du *Temple de Vesta*, de forme circulaire, avec un petit appendice derrière où était le sanctuaire des Pénates du peuple romain ; le temple est orné de colonnes corinthiennes engagées, et couvert en airain de Syracuse.

En avant, vers le Forum, c'est-à-dire à notre droite, les toits et la cour en portiques sont l'*Atrium Regium* qui lui servait de vestibule fermé et l'isolait des bruits du dehors. Autour était l'habitation du souverain pontife ou du roi des sacrifices, ce qui faisait appeler aussi cet atrium *Regia*. — Dans un péristyle derrière le temple habitaient les Vestales.

Numa fit construire le temple de Vesta, qui fut depuis réédifié avec somptuosité. Il habitait la Regia, qui, après l'expulsion des rois fut affectée au roi des sacrifices et au souverain pontife.

33. Porte Romana. — Elle est indiquée seulement ici, à l'extrême gauche du tableau, par deux statues équestres qui en ornent l'abord. Cette porte était à l'angle nord-ouest du mont Palatin, et fermait son accès de ce côté. Elle datait de la fondation de Rome sur cette colline.

Centre du Forum.

Nous allons passer en revue la place même du Forum avec ses petits monuments, ses colonnes, ses statues, etc. Nous commencerons par le haut, c'est-à-dire par la partie la plus rapprochée de nous, et nous irons en descendant vers le mont Capitolin.

34. Statue équestre de Clélie. — Érigée à Clélie, l'otage de Porsenna, l'an 246 de Rome, elle était en airain, et se voit en haut de la voie Sacré, près de l'arc de Fabius.

35. Tribunal du Préteur. — C'est le grand hémicycle de pierre qui se développe un peu au delà de l'arc de Fabius. Il avait environ 15 mètres de diamètre, et c'était là que le préteur de Rome, chef de la justice, tenait ses audiences, assisté de quelques juges. Tout le monde était en plein air. En été, on tendait quelquefois des voiles au-dessus du tribunal. Deux statues s'élèvent aux deux angles de l'hémicycle; ce sont celles de Sylla et de Pompée.

36. Putéal de Libon et Colonne de César. — L'espèce de petit autel rond, un peu en arrière du tribunal, est le *Putéal de Libon*. Les Romains appelaient *Putéal* une margelle de puits posée sur un lieu frappé de la foudre, afin que personne n'y marchât plus, ce qui eût été le profaner. Le Putéal de Libon était le rendez-vous des prêteurs d'argent.

COLONNE DE CÉSAR. — Elle s'élève près du Putéal, non loin de l'arc de Fabius. Le peuple l'érigea à César, après son assassinat. Elle était haute de 20 pieds (6 mètres environ), en marbre de Numidie (paonazzetto), et portait sur sa base l'inscription : AU PÈRE DE LA PATRIE. Pendant longtemps le peuple fit des vœux et des sacrifices au pied de cette colonne, qui marquait l'endroit où le corps du dictateur avait été brûlé, y apaisait les différends, en jurant par le nom de César, autrement dit du *divin Jules*.

COMITIUM. — Les Romains nommaient *Comitium* la partie du Forum où se traitaient plus particulièrement les affaires politiques ; c'était l'espace compris à peu près entre la curie Julia, ci-devant Hostilia, à droite, et le temple de Castor, à gauche. Il était élevé de quelques degrés.

Le *Canal*, voie transversale qui coupait le Forum à peu près en deux, séparait le Comitium du reste de la place, qu'on appelait le *Bas-Forum*.

37. STATUE ÉQUESTRE DE MARCIUS TREMULUS. — Elle était en airain et lui fut décrétée l'an 447 de Rome, pour avoir défait les Herniques. On l'érigea devant le temple de Castor.

38. LION DE PIERRE. — Cette statue de lion couché, vers l'angle gauche du canal, dans le Comitium, couvrait, suivant une tradition, la sépulture de Romulus, ou celle de Faustulus, son père adoptif.

39. STATUES DE FABIUS ET DE SCIPION L'AFRICAIN. — L'une et l'autre est près de l'arc de Fabius, devant la Græcostase. Il y avait aussi au même endroit deux *statues grecques*, sans autre désignation ; c'étaient sans doute des statues *héroïques*, c'est-à-dire nues.

40. STATUE ÉQUESTRE DE CÉSAR OCTAVE. — Devant la curie Julia et le Comitium, elle est en airain doré. Le sénat la lui décerna l'an 718 de la ville. — Sur le perron de la Curie, à gauche, *statue de l'augure Attus Navius;* à droite, *statue du roi Porsenna*, en airain.

41, **42**. JANUS SUPÉRIEUR ET JANUS INFÉRIEUR. — Petits arcs quadrangulaires, à jour au moyen de quatre portes dont les axes se croisent. Tous deux sont près de la voie Sacrée, à gauche, l'un dans le Comitium, partie haute du Forum, d'où son nom de *Janus supérieur;* l'autre, à gauche et vis-à-vis du *Canal*, dans la partie basse du Forum, ce qui le fit nommer *Janus inférieur*. On les appelait Janus, du nom du dieu des portes. Ces petits arcs étaient le rendez-vous des emprunteurs et des usuriers. On désignait par *Medius*

Janus l'intervalle qui les séparait. C'était comme la bourse de Rome, féconde aussi en lucres subits et, non moins souvent, en naufrages financiers.

43. Colonne Ménia. — Vis-à-vis des Tavernes neuves. C'était une colonne toute simple, reste de l'atrium d'une maison vendue par un certain Ménius à Caton, l'an 568 de Rome, pour bâtir une basilique sur son emplacement; Ménius s'était réservé cette colonne afin d'avoir le droit d'y établir un échafaud pour voir les combats de gladiateurs que l'on donnait alors sur le Forum. Les triumvirs capitaux, magistrats de police, tenaient leurs audiences à la colonne Ménia; c'était donc là véritablement le tribunal de police correctionnelle de Rome. — A gauche de la colonne était la statue de *Vénus Cloacine*, déesse des purifications; c'est dans ce lieu que les Sabines vinrent séparer les Romains et les Sabins qui allaient se livrer combat, et qu'après la réconciliation les deux peuples furent purifiés.

44. Statues des trois Parques ou des trois Sibylles. — Très-anciennes statues qui sont devant la basilique Æmilia.

45. Rostres. — C'était la fameuse tribune du peuple romain. On la voit ici, à gauche de l'arc de Septime-Sévère. Elle se compose d'un grand massif en pierre, sans garde-corps, exactement comme un piédestal, de sorte que l'orateur y était vu depuis les pieds jusqu'à la tête. La base en est ornée de six rostres ou éperons en airain, débris de navires pris sur les Antiates, l'an 415 de Rome, et qui valurent son nom à cette tribune. — Originairement, elle était dans le Comitium, au bord du *Canal*, devant la curie Hostilia, depuis curie Julia; l'an 710 Jules César la fit transporter au lieu qu'elle occupe maintenant.

Statues devant les Rostres. — *Statue du Satyre Marsyas*, à gauche; elle était le rendez-vous des plaideurs. — *Statues de Romulus et de Camille.* — *Statues de C. Fulcinius, de Clelius Tullius, de Spurius Nautius, de L. Roscius*, qui, envoyés en ambassade chez les Véïens, furent tués à Fidènes l'an 318 de Rome. Un décret public leur décerna ces quatre statues, qui n'avaient que 3 pieds de haut (90 centimètres environ).

46. Mille d'or. — C'est la colonne tronquée que nous voyons derrière les Rostres, sur le côté gauche et tout près de l'arc de Septime-Sévère. Auguste la fit ériger en ce lieu, l'an 734 de Rome, et la destina à servir de point de départ pour compter les distances, de mille pas en mille pas, sur les routes sortant de Rome. Les bornes milliaires étaient ordinairement en pierre ou en marbre ; mais celle-ci était revêtue d'airain doré, d'où lui vint le nom de *Mille d'or*. Vers le temps du Bas-Empire, on appela ce milliaire l'*Ombilic* de Rome ; en effet, quand Honorius eut reculé les murs de la ville, de manière qu'ils embrassaient tout le Champ-de-Mars et une partie du Vatican avec le Janicule, cet endroit fut à peu près le centre de Rome. Le Mille d'or se trouvait à l'extrémité et sur l'axe longitudinal du Forum.

47. * Colonne rostrale de C. Duilius. — Elle fut érigée l'an 492 de Rome, 261 ans avant Jésus-Christ, en l'honneur de C. Duilius, qui remporta une grande bataille navale sur les Carthaginois. La base de ce monument a été retrouvée pendant le XVIe siècle, près de l'arc de Septime-Sévère ; on la voit aujourd'hui au palais des Conservateurs, avec une restauration imitée de la colonne, qui était surmontée de la statue de Duilius.

48. Lac Curtius. — Vers le milieu du Forum, près de la basilique Julia, le petit bouquet d'arbres que vous voyez est ce que l'on appelle le *Lac Curtius*, bien que ce soit un véritable bosquet. Vers la fin du IVe siècle de Rome, un gouffre s'étant ouvert dans cet endroit, on tenta vainement de le combler. Les devins furent alors consultés, et déclarèrent que, pour refermer le gouffre, il fallait lui sacrifier ce qui faisait la principale force de Rome ; que c'était l'unique moyen d'assurer à la république romaine une durée éternelle. Le sens de cet oracle, passablement obscur, comme tous les oracles, embarrassait tout le monde, lorsque Marius Curtius, jeune homme distingué à la guerre, et doué sans doute d'une perspicacité toute particulière à l'égard des énigmes sacrées, s'indigna qu'on pût hésiter un instant, comme si le plus grand bien pour Rome n'était pas la vaillance et les armes. Il impose silence, et, tourné vers les temples des dieux immortels qui dominent le Forum, les yeux sur le Capitole, les mains tendues au ciel ou sur les profondeurs de la terre béante, il se dévoue aux dieux Mânes ; puis monté sur un cheval qu'il a richement paré, il s'élance tout armé dans le gouffre qui tout aussitôt se ferme sur le pauvre jeune homme, exactement comme une trappe d'opéra. Plus tard, il poussa dans ce lieu un figuier, une vigne et un olivier sauvages, à l'ombre desquels on dressa un petit autel où le peuple venait faire des sacrifices expiatoires.

49. Statue équestre de Domitien. — C'est la statue d'airain qui est au milieu du Forum, auprès de la voie dite *le Canal*, et tournée vers le mont Palatin. Elle était sur une très-haute base et foulait aux pieds le fleuve le Rhin.

NOTICES HISTORIQUES

SUR

LA FAMEUSE JOURNÉE DU Ier PRAIRIAL AN III

EXTRAIT D'UNE BROCHURE PUBLIÉE A PARIS EN L'AN III DE LA RÉPUBLIQUE ET INTITULÉE LES PREMIERS JOURS DE PRAIRIAL *.

. . . .

Le mois de floréal s'est passé tout entier dans une inaction profonde. Le désarmement des agents de la terreur, ordonné par la loi, s'effectuait avec mollesse dans quelques sections, et dans d'autres ne s'effectuait point du tout. Pouvait-on en effet espérer des sections une vigueur qui n'était pas dans la Convention nationale! Lorsque le 10 floréal, la section de Montreuil se déclara en permanence, lorsque le 11 au soir, dans celle du Bonnet de la Liberté, un rassemblement, favorisé par une copieuse distribution d'eau-de-vie, menaça la sûreté publique, l'on se contenta de mettre en arrestation les principaux coupables; aucun d'eux n'a paru devant les tribunaux[1]. Cependant, ces légères agitations n'étaient que le prélude d'une secousse terrible; comme l'épaississement de la nue qui couronne le Vésuve, accompagné de murmures souterrains, présageait aux Napolitains infortunés le déluge de feu qui devait les assaillir, et l'ouverture du gouffre déjà tout prêt à les engloutir au milieu des débris fumants de leurs toits écroulés.

* Les notes extraites de cette brochure sont du plus haut intérêt.

Il était aisé de prévoir que les ennemis du peuple tenteraient un nouvel effort. Les conjonctures les favorisaient; la pénurie ne cessait point; les privations semblaient de jour en jour plus insupportables aux êtres égarés, persuadés par les agitateurs que le défaut des subsistances provenait uniquement de l'impéritie ou de la malveillance du sénat [2].

La dépréciation rapidement croissante des assignats augmentait le malaise universel. La majorité souffrante accusait sans examen la minorité de cet effet inévitable de la nature des choses; et s'élevait surtout contre les autorités trop lentes à punir ces crimes imaginaires, et à rassasier de sang cette sévérité sombre, naturelle à l'homme faible aigri par une longue douleur.

La nouvelle organisation de la garde nationale s'opérait avec une lenteur qui pouvait en démontrer le vice et l'insuffisance, et ne permettait pas d'en attendre de sitôt aucun avantage réel. Les troupes appelées à Paris étaient en trop petit nombre pour comprimer efficacement un mouvement un peu considérable; on se servait même de leur arrivée pour égarer les esprits par des bruits calomnieux [3]; tandis que d'une autre part on mettait tout en œuvre pour corrompre ces militaires, braves, loyaux, mais susceptibles de séduction ou d'erreur, et pour les engager à s'unir aux factieux contre la Convention nationale.

Les propos que l'on entendait communément annonçaient une fermentation alarmante et chaque jour plus répandue. Enfin, le 30 floréal, on devait, selon le bruit général, voir le jour même ou le lendemain éclore un mouvement terrible. Le décadi se passa tranquillement, l'intérêt des conspirateurs était de préférer l'instant où la cessation des travaux a rendu la classe des manouvriers plus susceptible d'impressions étrangères; où les sens, déjà échauffés par l'espèce de débauche inséparable du jour de repos, sont surpris plus facilement par l'ivresse.

Le 1er prairial, le rappel, battu dès le matin dans plusieurs sections, alarme les faibles, et invite les séditieux à se rassembler sans délai, pour gagner de vitesse ceux qui doivent les contenir. Le Parisien, fatigué par des émeutes trop fréquentes, ne peut plus se mouvoir qu'au bruit pressant de la générale [4].

On l'entend vers le milieu du jour; et aussitôt le comité de salut public communique à la Convention nationale un plan de conjuration (voir plus loin le compte rendu de la séance, extrait du *Journal des débats de la Convention*), espèce de manifeste que les rebelles avaient eu la hardiesse de faire imprimer, et que déjà ils distribuaient dans les rues à tous les individus susceptibles d'être égarés par cette pièce grossièrement insidieuse [5].

Plusieurs faits sont allégués pour prouver l'intention perfide des chefs des attroupements. Sur une nouvelle invitation des comités, qui assurent que le rassemblement s'annonce d'une manière alarmante, la Convention décrète que quiconque ne se rendra point à sa section, au son de la générale, sera responsable des événements et traité comme tel, et que tous les chefs d'attroupements seront mis hors la loi. La première disposition était rendue nulle par la difficulté de son exécution [6]; la seconde eût été capable d'imposer, si l'inexécution habituelle des lois de ce genre n'eût dès longtemps accoutumé la multitude à les regarder comme purement comminatoires.

Une proclamation au peuple est ensuite décrétée, et la direction de la force armée confiée à plusieurs représentants.

Cependant, un rassemblement de femmes, ou plutôt de furies, a couvert la place du Carrousel et la cour du Palais National. C'est du pain qu'elles demandent à grands cris; mais leurs yeux hagards, leurs féroces propos, expriment la soif la plus ardente du sang humain. Terwagne, Belair et Rose sont à leur tête.

Il s'en répand un détachement nombreux dans les tribunes de la Convention. Leurs vociférations outrageuses et menaçantes troublent le sénat. Le président ordonne que les tribunes séditieuses soient évacuées; la force armée fait exécuter cet ordre [7]. Le calme semble renaître quelques instants.

Mais depuis longtemps des coups redoublés se font entendre : les portes du sénat sont enfin brisées et forcées par les rebelles. Féraud, revenu depuis deux décades de l'armée de la Moselle, Féraud, qui dans le nord et le midi avait signalé son courage, et guidé à la victoire les étendards républicains, le jeune et estimable représentant Féraud, que la France devait bientôt pleurer, vole au-devant de ces furieux, les exhorte, les prie, les conjure à genoux de respecter le sénat, de ne point perdre la république. Ils ne l'écoutent pas. De son corps couché par terre, il veut faire une digue à leurs attentats; ils le foulent aux pieds. Ses collègues le relèvent, meurtri, éperdu de douleur.

Les séditieux se répandent dans l'enceinte de la Convention. La garde, formée en ligne devant les représentants, les force à reculer. Ils reviennent aussitôt à la charge avec plus de fureur. Auguis et Féraud, à la tête d'une troupe nombreuse, repoussent de toutes parts les agents du crime. On les poursuit : on arrête, on conduit dans le sein de l'Assemblée plusieurs de leurs chefs. L'un d'eux avait ses poches pleines de pain ; et cet attroupement venait, disait-on, entraîné par l'excès du besoin, réclamer des subsistances !

Autour de la Convention, le rassemblement devenait sans cesse plus violent et plus nombreux. On remarquait, au milieu des femmes, des hommes portant écrits sur leurs chapeaux ces mots, qui étaient le signe de ralliement : *Du pain, et la constitution de* 1793. Ces hommes étaient les *meneurs ;* et les femmes, leurs dociles instruments, essayaient de désarmer ou d'entraîner le bataillon des Piques, placé devant la Convention. Elles barraient le chemin à celui du Mont-Blanc, qui entrait en ce moment dans la cour [8,9]. Il est obligé de revenir sur ses pas, au milieu des injures, des menaces et même des violences; puisque le commandant reçut plusieurs coups de ces cannibales, avides d'engager un massacre général. En même temps, le député Doulcet, envoyé pour lire la proclamation, est renversé de cheval, accablé de coups ; il n'a dû peut-être son salut qu'au mouvement rétrograde du bataillon du Mont-Blanc, dont un citoyen eut même le courage d'arrêter, de jeter dans les rangs, et de conduire au comité de sûreté générale, un des scélérats qui assassinaient le représentant [10].

L'acte de vigueur exercé dans la Convention était peint par les rebelles, avec les plus horribles couleurs. A les en croire, les députés massacraient les femmes : on en avait vu plusieurs de tuées ; d'autres avaient les poignets coupés [11]. Cette calomnie infâme échauffait les esprits crédules, glaçait d'effroi les pusillanimes, et comprimait l'indignation qu'inspiraient aux hommes énergiques l'attentat des révoltés.

Les bataillons sectionnaires arrivaient autour de la Convention; mais leurs rangs étaient peu nombreux. L'esprit de plusieurs d'entre eux était au moins très-suspect. Les mieux composés contenaient une foule d'hommes timides, et bien d'autres plus dangereux encore, unis d'intention aux séditieux, reconnaissables au signe de ralliement et à l'atrocité de leurs propos [12].

L'excès du mal venait surtout du défaut d'ordre militaire. Le représentant Delmas était chargé de diriger en chef la force armée; le général Fox devait la commander sous lui. Mais ces nominations tardives ne pouvaient remédier à une confusion que les comités auraient dû prévoir longtemps d'avance. Les bataillons les plus sûrs laissés inactifs dans les postes éloignés du péril; ceux qui partageaient l'esprit des séditieux prenant au contraire leur place autour de la Convention, et mettant d'abord en batterie leurs canons braqués contre elle; les gendarmes se montrant dignes en cette occasion d'avoir été si longtemps *les sbires de Robespierre et de la guillotine*, la cavalerie même cédant au torrent; plusieurs cavaliers descendant de cheval, et disant : « qu'ils voulaient combattre l'ennemi sur la « frontière, et non tirer sur le peuple[13] ; » ce propos accueilli par les cris de joie des séditieux et leurs applaudissements; le bruit funèbre du tocsin, qui, dans l'état des choses, annonçait vraiment une nouvelle Saint-Barthélemi[14]; voilà ce dont nous avons tous été les témoins; et tandis que nous frémissions de rage de nous sentir paralysés alors qu'on assassinait la patrie, des hommes confiants, tout près d'être submergés par la tempête, se flattaient encore de la voir s'apaiser d'elle-même, et s'évanouir[15].

Insensés! ils touchaient à l'heure d'un réveil terrible. Elle sonne, cette heure d'opprobre et de deuil; elle sonne au milieu de l'éclatant cliquetis des sabres qui s'entre-croisent, des piques, des bayonnettes qui s'entre-choquent, au milieu des cris féroces des rebelles, des hurlements de leurs mégères, des roulements répétés de coups de feu tirés sur la Convention. Les rebelles, plus nombreux cette fois et mieux dirigés, ont enfin l'avantage : la garde, victorieusement repoussée, se dissipe devant eux; ils ont déjà encombré les tribunes; leur multitude inonde la salle; ils surchargent d'hommes armés et la tribune et le bureau, et la barre et les siéges des législateurs. Leur règne commence par deux assassinats[16].

Un citoyen arrache un chapeau souillé du signe de ralliement: aussitôt un coup de feu le renverse au pied du bureau. Féraud[17], qui s'élançait en ce moment au-devant des fusils dirigés sur le président, veut prendre la défense de cet infortuné; il est frappé lui-même; il tombe sur les marches de la tribune. On le traîne par les cheveux dans un couloir[18], où l'on achève de le massacrer. Tinelle, dit *Renaud*[19], son principal assassin, coupe la tête de Féraud, la met au bout d'une pique, et, entouré de ses complices, il la promène dans la salle, et s'arrête devant le bureau : pendant quelques instants même, aux ris et aux applaudissements longtemps prolongés d'une multitude sanguinaire, on la place sous les yeux du président.

Boissy d'Anglas occupait le fauteuil. La tête couverte, l'œil tranquille, dans l'attitude du calme le plus intrépide, Boissy voyait mille assassins autour de lui, était en butte à leurs imprécations, à leurs fureurs ; et plus grand que tous les efforts du crime, il imposait aux scélérats confondus, de ne pouvoir porter le trouble dans le cœur d'un homme juste [20]. La république semblait anéantie ; les patriotes se voyaient dispersés, comprimés, paralysés ; les autorités sans force ; les comités de gouvernement méconnus, proscrits ; la Convention dissoute, ensanglantée : un homme à son poste conservait la dignité de la France. La majesté de la république se reposait tout entière sur Boissy d'Anglas.

Le spectacle de mort offert à ses regards, et dont on se plaît à le rassasier pour lui présager un sort pareil, lui fait détourner les yeux avec un mouvement d'horreur et de douleur où ne se mêle aucun effroi [21]. Tant de courage intéresse ceux qui l'entourent. Sans s'en apercevoir, les furieux qui l'avaient environné d'abord, pour le subjuguer ou le massacrer, forment autour de lui un rempart contre les assassins qui circulaient dans la salle [22] et dont plusieurs se fussent bientôt empressés de punir sa vertu [23], et le refus constant qu'il allait prononcer de signer rien, ou de condescendre en la moindre chose à la volonté des rebelles.

Pendant que le cadavre mutilé de Féraud reste en proie aux coups et aux outrages de ses meurtriers, et n'est dérobé enfin qu'à la lassitude de leur férocité ; pendant que sa tête est promenée, de la salle, dans la cour et le jardin, que plusieurs scélérats se disputent avec fureur la gloire de la porter, et que tous expriment le regret de ne pouvoir étaler ce trophée dans le faubourg Antoine ; pendant que cet aspect glace d'effroi les mieux intentionnés, et remplit les malveillants d'une joie affreuse et des plus atroces espérances [24], une nouvelle troupe de rebelles entre dans la salle au pas de charge ; le chef commande le silence par des roulements de tambour, et à la tribune, environné d'hommes armés, il lit le manifeste séditieux dénoncé le matin à la Convention.

Si les révoltés avaient saisi ce moment, leur triomphe était assuré ;

le courage de Boissy eût précipité sa mort. Un des traîtres, Romme, par exemple, eût pris le fauteuil[25], et mis aux voix toutes les propositions qui ont été faites depuis; les factieux avaient la force en main pour en assurer la prompte exécution. Ainsi, avant le coucher du soleil, c'en était fait de la Convention, de Paris, et de la France entière.

Tel était même, on peut le croire, le vœu des agents subalternes. Les séditieux, parlant tour à tour dans le bruit, émettaient toutes les propositions qu'ils ont fait décréter le soir, et y ajoutaient la demande *d'une municipalité*. Ceux qui entouraient Boissy lui présentaient sans cesse leurs motions à signer. « Nous n'avons pas besoin « de ton Assemblée[26], lui disait-on : le peuple est ici, tu es le président du peuple : signe, et le décret sera bon... signe, ou je te tue. » — « La vie est peu de chose pour moi, répond Boissy; mais vous « parlez de commettre un grand crime; je suis représentant du « peuple... président de la Convention... » et persistant dans sa résistance, il présentait à ces furieux sa tête inclinée sur le bureau. Ainsi, vertueux Cicéron! ainsi les satellites des triumvirs, entourant ta litière désarmée, te virent avancer froidement ta tête auguste, et l'offrir toi-même au glaive meurtrier de l'exécrable Popilius.

Mais, soit que les chefs du crime aient manqué d'audace ou de présence d'esprit; soit que le courage de Boissy ait déconcerté leur plan et entravé leurs mesures; soit que le tumulte leur ait paru trop grand pour pouvoir établir une délibération[27], soit enfin qu'ils aient espéré de voir leurs attentats mieux colorés dans la Convention moins incomplète, par le retour forcé des députés qui presque tous avaient fui de ce lieu d'horreur[28]; ce n'est qu'après neuf heures du soir, que Romme a demandé que l'on délibérât en levant les chapeaux. Aussitôt se sont succédé rapidement les propositions de la mise en liberté des incarcérés depuis le 9 thermidor, et surtout des députés arrêtés les 12 et 13 germinal, en y comprenant les trois déportés; de visites domiciliaires, sous prétexte de chercher des subsistances; de la permanence des sections, de la clôture des barrières, de la destitution de tous les fonctionnaires détenus avant le 9 thermidor, de la suspension des comités de gouvernement, etc. Les rebelles dictaient, par leurs murmures ou leurs applaudissements[29], les résolutions que l'on devait adopter; et les chapeaux se levaient, avant que le président eût mis les motions aux voix.

Le républicanisme et la vertu n'avaient point quitté le fauteuil. Vernier, vénérable par ses cheveux blancs, ornement d'une vieillesse irréprochable, par ses longs travaux dans l'Assemblée constituante et dans la Convention, par la haine et les persécutions de la tyrannie, Vernier avait réclamé le droit de remplacer Boissy, à ce poste terrible qui était spécialement le sien; et l'avait obtenu après des instances réitérées. Il y avait apporté le même dévouement, la même tranquillité. De concert avec les comités de gouvernement, s'il paraissait seconder la délibération des factieux, il ne tendait qu'à gagner du temps, à empêcher des violences qui eussent prévenu ces mesures salutaires, que la nuit seule pouvait rendre efficaces. Mais quand les rebelles, encouragés par sa condescendance, viennent le sommer de revêtir de sa signature leurs prétendus décrets, un refus inflexible et froid leur rappelle qu'ils parlent à un républicain, et non à un esclave. Ils tentent cependant de l'intimider; vingt fois le glaive assassin le menace; on lui ordonne de signer : « Tout ce que l'on fait ici, dit-il, est de nul effet, parce que la Convention n'est « point libre; je ne validerai point par ma signature. » — « Il faut « signer, ou mourir ! » — Vernier, pour unique réponse, dénoue sa cravate, la met sur le bureau, et présente son cou nu au fer des scélérats.

Cependant, les comités de gouvernement étaient assemblés, les rebelles, par une faute incalculable, n'ayant point songé à les dissoudre et à s'emparer de leurs papiers. On y avait unanimement arrêté de ne reconnaître aucun acte émané de la Convention tant qu'elle ne serait pas libre; mais avant de consommer les mesures qui devaient mettre un terme à l'oppression, jaloux d'épargner le sang que pouvait faire répandre cette lutte terrible de la liberté contre l'anarchie, les comités tentent un dernier moyen de pacification. Legendre vient en leur nom inviter les représentants à rester à leur poste, et les bons citoyens à se retirer, afin que la Convention puisse délibérer. Des cris affreux de la salle et des tribunes [30] interrompent Legendre, et, malgré les efforts du président, qui cherche à lui maintenir la parole, le contraignent à se retirer.

C'en était donc fait; la force seule devait décider [31]. Les rebelles sentent, mais trop tard, l'importance des occasions qu'ils ont laissé échapper. Ils ordonnent la suspension des comités, l'arrestation des membres qui les composent, l'apposition des scellés sur leurs papiers[32]. Une voix ose réclamer *l'ordre du jour*... Qui que tu sois, homme intrépide, que pouvait conduire à la mort ce vote courageux, inutile au salut public, mais précieux pour ta conscience, si les rebelles ne t'ont point entendu, ou s'ils ont dédaigné de t'en punir, sache que ta voix a frappé l'oreille, a été jusqu'au cœur d'un patriote; et jouis du témoignage honorable qu'il s'estime heureux de pouvoir te rendre ici.

Quatre membres sont nommés pour exécuter ces ordres liberticides, Duquesnoy, Bourbotte, Duroy et Prieur (de la Marne), tous proconsuls dévastateurs dans le nord, aux bords du Rhin, à Brest, dans la Vendée, sont jugés les plus dignes de ce ministère infâme. Ils l'acceptent avec joie et jurent de le remplir ou de périr.

Mais le moment de leur toute-puissance était passé. La fin du jour avait rappelé dans leurs foyers tous les hommes entraînés par la crainte, et un grand nombre d'autres, trop peu éclairés pour ne point croire leur triomphe complet. Les sections, qui n'étaient arrêtées par aucun ordre, avaient défilé successivement, ou comptaient à peine dans leurs rangs un quart de ceux qui les composaient le matin[33]; la salle même de la Convention était moins remplie et les factieux moins animés; l'ivresse s'était dissipée et avait fait place à l'excès de la fatigue.

La soif du sang et du crime subsistait seule avec toute sa violence, surtout dans le cœur des chefs. L'arrestation des comités n'était qu'un prélude du coup qu'ils méditaient. A minuit, ils allaient mettre *hors la loi*[34] tout ce qui n'était pas reconnu de la Crête. Onze heures et demie étaient sonnées depuis quelques minutes.

Les quatre commissaires sont arrêtés dans le salon de la Liberté par le bataillon Lepelletier, à la tête duquel est Raffet. Prieur demande à celui-ci par quel ordre il avance. Raffet, refusant de lui en rendre compte : *A moi, sans-culottes!* s'écrie Prieur. Les commissaires, forcés de rentrer dans la salle, y voient fondre sur leurs pas une troupe, trop peu nombreuse encore. Dans ce premier choc, elle est repoussée par les soldats de la tyrannie. Kervélégan, qui la commande, reçoit à l'épaule une blessure profonde.

Il ne s'en est pas aperçu; et tandis que Peyssard, Édouard et Bourbotte poussent des cris de victoire[35], il revient à la charge : Legendre et plusieurs de ses collègues l'accompagnent, suivi d'un gros de patriotes, soutenus par de nombreux détachements des sections fidèles.

Le combat dure à peine un moment : les pâles satellites du crime fuient de toutes parts et disparaissent. L'enceinte du sénat et les tribunes sont purgées de ces monstres. La Convention recouvre toute sa liberté, les députés reprennent leurs places ; la délibération recommence dans un calme imposant.

Le décret d'arrestation est prononcé contre quatorze députés, convaincus d'avoir pris la part la plus active à la sédition [36]. Un décret est rendu pour améliorer la distribution des subsistances. La Convention se sépare, persuadée que la sagesse des comités de gouvernement maintiendra la paix et la sûreté publique, et ne laissera point remettre en question ce que viennent de décider ces moments terribles, si courts, si mémorables...

EXTRAIT DE L'HISTOIRE DE FRANCE PENDANT LE XVIIIe SIÈCLE

PAR LACRETELLE

Paris, au milieu de la disette, semblait jouir d'un calme profond. Mais le faubourg Saint-Antoine, qui avait fait si souvent les destinées de la France, était le rendez-vous de tous les séditieux. Le 1er prairial, au son du tocsin, plus de trente mille hommes prirent les armes et marchèrent contre la Convention. Dans la funeste journée du 31 mai, les premiers rassemblements avaient été moins nombreux, et surtout bien moins animés de fureur. Les cris de ralliement étaient : *Du pain, et la constitution de* 93 ! Les jacobins portaient plus d'audace que d'invention dans leurs expéditions révolutionnaires ; elles étaient toutes conduites sur un même plan. Ils n'eussent osé rien entreprendre avant que la longue procession des piques eût traversé Paris. Avec un peu plus de célérité, ils pouvaient empêcher la Convention de s'assembler : une faible partie de leurs forces leur eût suffi pour s'emparer des comités du gouvernement, en arrêter les membres et prévenir toutes les mesures. Mais déjà la Convention attendait leurs colonnes et cherchait à leur opposer tous les citoyens qui avaient le plus à redouter leurs fureurs. A midi elle est investie : les bataillons qui viennent l'attaquer et ceux qui viennent la défendre sont mêlés entre eux, et ne semblent former qu'une même armée.

Une députation de séditieux paraît à la barre ; ils présentent une pétition qui n'est que la menace d'exterminer tous ceux à qui ils imputent leurs malheurs. Boissy d'Anglas était monté au fauteuil du président; il ne promet au nom de l'Assemblée que ce qu'elle peut promettre, des soins, de la vigilance. Du fond des tribunes s'élèvent les plus épouvantables cris : *Du pain! du pain, ou la mort!* Boissy ordonne que les tribunes occupées par les séditieux soient évacuées, ils résistent : les députés de la Montagne animent leur fureur. On entend frapper à coups redoublés à l'une des portes de la salle, elle est enfoncée : des flots d'hommes, de femmes furieuses entrent, sont repoussés, rentrent encore. Tantôt l'assemblée délibère ; tantôt elle se divise en deux camps qui se menacent, fondent l'un sur l'autre avec différents auxiliaires. Des armes brillent de tous côtés ; mais pendant longtemps elles ne font point couler de sang : on ne cherche point à percer, mais à étouffer ses ennemis. Les bataillons de gardes nationales, armés de fusils, de piques, de canons, sont rangés autour de la salle de la Convention, et ne prennent point de part à cet étrange combat; à peine en connaissent-ils les événements et les chances diverses; ils gardent fidèlement la neutralité de la peur. C'était dans la foule qui remplissait les corridors que chaque parti prenait un groupe d'assaillants, qui lui suffisait pour conquérir ou pour conserver ce nouveau champ de bataille.

Un seul homme, au sein de ce tumulte, était resté immobile ; c'étoit Boissy, président de l'Assemblée : il entendait mille voix qui le dévouaient à la mort; son regard menaçait encore les séditieux ; ils engagent un troisième choc, et cette fois leur rage ne connut plus de frein; ils tirent des coups de fusil; ils se rendent maîtres de la salle; ils arrivent jusqu'au fauteuil du président; ils étendent leurs piques sur sa poitrine; ils lui commandent de mettre aux voix leurs propositions odieuses et insensées ou de quitter le fauteuil : *Non! retirez-vous!* C'est toute la réponse qu'il fait aux rebelles. Son danger imminent émeut plusieurs des députés qui étaient restés dans la salle, malgré le triomphe de la Montagne. L'un d'eux s'élance avec impétuosité, pour se placer entre lui et les assassins; il se nommait Féraud; peut-être les factieux, en l'entendant appeler, le confondirent-ils avec Fréron, qui leur était alors odieux ; peut-être aussi leur ressentiment était-il allumé par les preuves de courage qu'il avoit données dans cette même journée. Un coup de pistolet l'atteint et le tue au moment où il détournait l'arme d'un assassin dirigée contre l'intrépide président de la Convention. Ils s'enivrent tous de la joie de ce massacre; ils foulent ce corps glacé, ils l'entraînent hors de la salle, ils en séparent la tête, que, suivant leur coutume barbare, ils portent au bout d'une pique. Ils rentrent avec cet étendard : l'horreur et l'effroi ont chassé de la salle presque tous les députés ennemis du crime. La Convention n'existe plus que par un seul homme, son président, qui n'a point abandonné le fauteuil. Il est de nouveau assiégé par la horde homicide. On lui présente la tête de Féraud ; il se détourne avec horreur : on la lui présente encore ; il s'incline devant le martyr de la loi et de l'amitié; il ne descend de ce fauteuil de gloire que quand ses amis eux-mêmes l'en arrachent. Encore frappés du respect dont il a saisi leur âme, les assassins le laissent passer. Aucun d'eux ne peut expliquer pourquoi ils l'ont épargné.

EXTRAIT DE L'HISTOIRE DE LA RÉVOLUTION FRANÇAISE DEPUIS 1789 JUSQU'EN 1814

PAR MIGNET

A peine Legendre, Henri Larivière, Kervélégan, etc., étaient-ils partis, qu'un grand bruit se fit entendre au dehors. Une des portes extérieures venait d'être forcée, et les femmes se précipitèrent dans les tribunes, en criant : *Du pain, et la constitution de* 93 ! La Convention les reçut avec une contenance ferme : « Vos cris, leur dit le « président Vernier, ne changeront rien à notre attitude, ils ne hâteront pas d'un seul moment l'arrivage des subsistances, ils ne « serviront qu'à l'empêcher. » Un tumulte affreux couvrit la voix du président, et interrompit les délibérations. On fit alors évacuer les tribunes; mais les insurgés des faubourgs parvinrent bientôt jusqu'aux portes intérieures, et les trouvant fermées, ils les frappaient à coups redoublés de hache et de marteau. Les portes cédèrent, et la foule ameutée pénétra au milieu même de la Convention.

L'enceinte des séances devint alors un champ de bataille. Les vétérans et les gendarmes, auxquels était confiée la garde de l'Assemblée, crient aux armes ! le député Auguis, le sabre nu à la main, se met à leur tête, et parvient d'abord à repousser les assaillants. On leur fait même quelques prisonniers. Mais les insurgés, plus nombreux, retournent au pas de charge, et envahissent de nouveau l'enceinte de la Convention. Le député Féraud rentre précipitamment, poursuivi par les insurgés, qui tirent plusieurs coups de fusil dans la salle. Ils couchent en joue Boissy d'Anglas, qui siégeait au fauteuil, à la place de Vernier. Féraud s'élance à la tribune pour le couvrir de son corps : il y est assailli à coups de pique et de sabre, il tombe dangereusement blessé. Les insurgés l'entraînent dans les couloirs, et, le confondant avec Fréron, ils lui coupent la tête, qu'ils placent au bout d'une pique.

Après ce combat, ils s'étaient rendus maîtres de la salle. La plupart des députés avaient pris la fuite. Il ne restait que les hommes de la Crête, et Boissy d'Anglas, qui, calme, couvert, insensible aux outrages et aux menaces, protestait toujours, au nom de la Convention, contre les violences populaires. On lui présenta la tête sanglante de Féraud, et il s'inclina avec respect devant elle. On voulut le forcer, les piques sur la poitrine, à mettre aux voix les propositions des insurgés, et il leur opposa constamment le plus courageux refus.......

Alors tout changea de face : Legendre, Auguis, Kervélégan, assiégèrent à leur tour les insurgés, à la tête des sectionnaires. Ils éprouvèrent d'abord quelque résistance. Mais bientôt ils pénétrèrent, la baïonnette en avant, dans la salle où délibéraient encore les conjurés, et Legendre s'écria : *Au nom de la loi, j'ordonne aux citoyens armés de se retirer*. Ils hésitèrent un moment; mais l'arrivée des bataillons qui entraient par toutes les portes les intimida, et ils évacuèrent la salle dans le désordre d'une fuite. L'Assemblée se compléta, les sections furent remerciées, on reprit les délibérations, toutes les mesures adoptées dans l'intervalle furent annulées, et quatorze représentants, auxquels on en joignit ensuite quatorze autres, furent arrêtés comme coupables d'avoir organisé l'insurrection ou de l'avoir approuvée par leurs discours. Il était alors minuit, et à cinq heures du matin, les prisonniers étaient déjà à six lieues de Paris.

Cependant les faubourgs, quoique repoussés le 1er prairial et éconduits le 2, conservaient encore les moyens de se soulever. Un événement, d'une importance bien moindre que les émeutes précédentes, occasionna leur ruine définitive. L'assassin de Féraud fut découvert, condamné, et le 4, jour de son exécution, un attroupement parvint à le délivrer. Il n'y eut qu'un cri contre ce nouvel attentat ; et la Convention ordonna le désarmement des faubourgs. Ils furent cernés par toutes les sections intérieures. Après s'être disposés à la résistance, ils cédèrent, abandonnant quelques-uns de leurs meneurs, leurs armes et leur artillerie. Le parti démocratique avait perdu ses chefs, ses clubs, ses autorités; il ne lui restait plus qu'une force armée qui le rendait encore redoutable, et des institutions qui pouvaient lui faire tout reconquérir. A la suite de son dernier échec, la classe inférieure fut entièrement exclue du gouvernement de l'État: les comités révolutionnaires, qui formaient ses assemblées, furent détruits; les canonniers, qui étaient sa troupe, furent désarmés; la constitution de 93, qui était son code, fut abolie, et le régime de la multitude finit là.

Du 9 thermidor au 1er prairial, le parti montagnard fut traité comme le parti girondin l'avait été du 2 juin au 9 thermidor. Soixante-seize de ses membres furent condamnés à mort ou décrétés d'arrestation. Il subit à son tour la destinée qu'il avait fait subir à l'autre; car, en temps de passions, les partis ne savent pas s'accommoder, et ne veulent que se vaincre. Comme les girondins, ils s'insurgèrent pour ressaisir le pouvoir qu'ils avaient perdu; et, comme eux, ils succombèrent. Vergniaud, Brissot, Guadet, etc., furent jugés par un tribunal révolutionnaire; Bourbotte, Duroy, Soubrany, Romme, Goujon, Duquesnoy, le furent par une commission militaire. Les uns et les autres moururent avec le même courage: ce qui fait voir que tous les partis sont les mêmes, et se conduisent par les mêmes maximes, ou, si l'on veut, par les mêmes nécessités. Depuis cette époque, la classe moyenne reprit au dehors la conduite de la révolution; et l'Assemblée fut aussi unie sous les girondins qu'elle l'avait été, après le 2 juin, sous les montagnards.

BARTHELEMY. — DOUZE JOURNÉES DE LA RÉVOLUTION

LE PEUPLE A LA CONVENTION.

Ils sont six, tous de fer, tribuns que rien n'étonne.
Depuis le dernier mois qui précéda l'automne,
Ils se sont recueillis, loin d'un monde importun,
Pour mieux ourdir leur trame et venger leurs vingt-un;

Ils attendent ce mois où le grand soleil brûle
La tribune du peuple et la chaise curule,
Où l'émeute insurgée, aux rendez-vous connus
Arrive la sueur au front et les bras nus.
Déchaîne-toi, lion, pour ta course dernière,
Viens apposer ta griffe à la loi prisonnière;
Une dernière fois tombe dans la cité,
Météore sanglant par la cloche excité!
Ruisselant escadron de femmes aux yeux ternes,
Enfants qui dénouez la corde des lanternes,
Tricoteuses d'enfer, vous, qui chaque matin
Comptez si bien les coups du fer de Guillotin!
Par les quais populeux de la Seine troublée,
Venez donc envahir la terrible Assemblée.
Hélas! ce n'est plus là, dans sa mâle fierté,
Ce peuple, tel qu'il vint aux jours de liberté,
Les épis dans les mains, et les têtes fleuries,
Sublime visiteur entrant aux Tuileries :
Le long meurtre public a séché ces fleurons,
Et la vapeur du sang a terni bien des fronts.
D'abord le peuple est grand, et puis il s'habitue
Aux spectacles de fange, à la terreur qui tue;
Oh! ce n'est plus celui du vingt juin, du dix août!
Il semble qu'aujourd'hui tout Paris se dissout,
Tant les places, les ponts, les noires avenues,
Jettent au Carrousel de formes inconnues,
De spectres féminins et d'enfants à l'œil faux,
Qui traînent pour hochets de petits échafauds.
Paris, pour rassembler tant de femmes fétides,
A vidé cette fois ses Palus-Méotides,
Ses impasses impurs, ses couloirs croupissants
De la Mortellerie et des Vieux-Innocents.
A leurs gestes virils, à leurs voix gutturales,
On reconnaît d'abord ces mégères des halles,
Peuple des carrefours, qui sous d'immondes toits,
Fait siffler ou mugir son effrayant patois.
Avec elles aussi, ces Phrynés subalternes
Qui peuplent dans le jour les vineuses tavernes,
Et qui, la nuit venue, errent par noirs troupeaux,
Le front entortillé de fangeux oripeaux;
Puis encore au milieu de ces groupes infâmes,
Des hommes déguisés sous des robes de femmes,
Sinistres compagnons aux bras noirs et velus,
Qui poussent aux forfaits les cœurs irrésolus.
Dès l'aube de ce jour, la cohue infernale
Inaugure, en partant, sa grande saturnale;

Elle déroule au loin ses informes chaînons :
On croirait voir passer ces visages sans noms,
Ces fronts maudits du ciel et marqués d'anathème,
Que montrent au soleil les fils de la Bohême.
Mille bras déployant le drapeau de la faim,
Mille écriteaux levés portent ces mots : *Du pain !*
Du pain ! Ne croyez pas à leur fausse souffrance;
Voyez, voyez leur teint pourpré d'intempérance;
Tous sont rassasiés : la débauche et le vin
Fermentent dans leurs corps comme un grossier levain;
Leurs yeux sont flamboyants, leurs poitrines sonores,
L'alcool corrosif filtre par tous leurs pores;
Ils n'ont ni faim ni soif; mais l'émeute a compté
Sur l'effet désastreux d'un mensonge effronté :
Du pain ! c'est le mot d'ordre et la famine louche,
En pénibles efforts, l'exhale de sa bouche.
Voilà le bataillon qu'appelle et fait mouvoir
La Montagne qui veut ressaisir le pouvoir.

L'Assemblée est debout, et la salle est fermée.
Point d'honneurs de séance à cette ignoble armée;
Qu'on la repousse au loin, car son crime est flagrant;
Qu'elle campe dehors, le Carrousel est grand.
Mais, hélas! par les siens l'Assemblée est trahie!
Elle va déborder dans la salle envahie,
Cette anarchique armée, à l'insolente main,
Broyant tout, se faisant par la force un chemin.
Déjà, comme un signal de la crise prochaine,
La porte sent frémir ses lourds panneaux de chêne,
Seul et dernier abri jusque-là respecté,
Qui du temple des lois garde la sainteté.
Elle tombe en éclats : la foule entre maîtresse;
Le président se couvre en signe de détresse :
Ce débile vieillard, incliné par les ans,
A trop de glace au cœur pour les dangers présents;
Parmi tant de démons élancés de l'abîme,
Sa voix ne peut dompter les hurlements du crime,
Il descend; le tocsin semble sonner son glas;
Sur son fauteuil vacant monte Boissy d'Anglas,
Jeune homme au cœur d'airain, à la poitrine forte,
Qui peut vivre pour tous si l'Assemblée est morte;
Qui d'un regard serein, sur les bancs montagnards,
Arrête une détente et brise des poignards.
C'est ici qu'affrontant le crime qui menace,
Brille dans son éclat l'homme juste et tenace;

Jamais dans les longs jours que lui garde le sort,
Il n'aura plus besoin de ce stoïque effort.
La salle est un champ clos; de hurlantes furies
Ébranlent sous leurs pieds les hautes galeries;
Leurs frénétiques poings, raides et contractés,
Se baissent vers le front des calmes députés.
Du pain! toujours *du pain!* c'est le mot qui résonne,
C'est le cri de combat de ce peuple amazonne;
Vingt fois le président veut parler, et vingt fois
D'ironiques clameurs ont emporté sa voix.
L'ombre de Robespierre, errante dans la salle,
Semble souffler sa rage à sa plèbe vassale.

O délire honteux! étrange aveuglement!
O de ce jour de deuil déplorable moment!
Heure où vertus, devoir, liberté, tout s'oublie,
Où la raison du peuple est changée en folie,
Où le crime est si grand de rage et de terreur,
Qu'il mérite pitié, qu'il échappe à l'horreur!
Entourons ce feuillet d'un crêpe mortuaire;
Tout est perdu, la loi n'a plus de sanctuaire :
Sous les leviers de fer, rouverte à deux battants,
La porte va vomir de nouveaux combattants;
Hurlant des chants aigus comme des cannibales,
Ils rentrent; entendez le sifflement des balles,
Voyez luire partout le poignard assassin;
Gloire à ceux dont la peur n'a point troublé le sein!
Chaque représentant l'un à l'autre s'enlace,
Et l'on entend ces cris : Mourons à notre place!
Vive la liberté! De l'un à l'autre bout
Sur leurs bancs assiégés ils se montrent debout.
Un de ces fiers tribuns que l'avenir contemple,
Va mourir, comme un prêtre, en défendant son temple;
Et ce temple sacré qu'un jour doit rebâtir
Gardera sur ces murs l'image du martyr :
C'est le jeune Féraud; sur la poudreuse pierre
Il tombe, un vil boucher l'immole à Robespierre;
Le sacrificateur, en tablier de peau,
A choisi sa victime au milieu du troupeau.
Féraud! quel héroïsme et quelle destinée!
Pour arrêter lui seul la foule mutinée,
Sur le seuil d'où la flamme avec la balle part,
Il s'était étendu comme un vivant rempart;
Puis relevé, courant à la tribune sainte,
Il avait demandé grâce pour cette enceinte;

Inondé de sueur, le cou nu, l'œil ardent,
Il couvrait de son corps l'auguste président,
Et suppliait la foule à l'homicide prête,
Montrant Boissy d'Anglas, de respecter sa tête.
Noble enfant! il était aux jours de puberté,
Où l'on aime d'amour la vierge liberté;
Il revenait des camps, et sa bure grossière
De nos derniers combats rapportait la poussière;
Les boulets ennemis effleurèrent son sein,
Et le voilà tombé sous un plomb assassin!
Ce n'est plus qu'un tronçon, la pique est toute prête,
Et le fer dégouttant va promener sa tête,
Sa tête aux yeux ouverts, aux mouvements nerveux
Qui font battre sa joue et raidir ses cheveux:
Tête horrible, de sang et de sueur luisante!
Devant Boissy d'Anglas l'égorgeur la présente,
Et lui, lui, ce héros digne des jours romains
(Panthéon, ouvre-toi, siècles, battez des mains,
Redites cette histoire à tous ceux qui l'ont lue),
Lui se lève devant la tête, il la salue,
S'incline de respect, comme si devant lui
Du martyr glorieux l'auréole avait lui,
Comme on fait, sous la nef du temple catholique,
Lorsqu'on porte en triomphe une sainte relique.

Et la foule applaudit à ces hideux exploits;
La loi n'est plus qu'un mot dans l'enceinte des lois;
Les tribuns conjurés soufflent sur cette braise,
Ils redisent en chœur : Vive quatre-vingt-treize!
Mais les députés purs, installés sur leurs bancs,
Agitent leurs chapeaux aux mobiles rubans;
Tous, de leur temple saint embrassant la colonne,
Regardent, sans pâlir, ce peuple qui bouillonne,
Qui mugit de fureur, et qui, les yeux ardents,
Demande une chair d'homme à broyer sous ses dents.

EXTRAITS

DU JOURNAL DES DÉBATS ET DES DÉCRETS DE LA CONVENTION

CONVENTION NATIONALE. — SÉANCE DU 1er PRAIRIAL AN III

PRÉSIDENCE DE VERNIER.

La séance s'ouvre à 11 heures du matin ; Vernier occupe le fauteuil.

Secrétaires : Mollevaux, Saint-Martin (de l'Ardèche).

La tribune diplomatique est occupée par les personnages ci-après:

M. KORNMANN, chargé d'affaires du Danemark ; M. GROVE, consul général du Danemark ; M. TEXIER, vice-consul du Danemark ; le citoyen MONROE, ministre plénipotentiaire des États-Unis ; le citoyen FULWAR-SKIPWITH, consul des États-Unis ; le citoyen REYBATZ, ministre de la république de Genève ; M. le baron DE SANDOZ ROLLIN, ministre plénipotentiaire de Prusse ; M. DE BOHME, conseiller d'ambassade de Prusse ; M. le comte NERI CORSINI, envoyé extraordinaire du grand-duc de Toscane ; Mgr QUERINI, envoyé de la république de Venise ; le citoyen BOCCARDI, chargé d'affaires de la république de Gênes ; M. CIBON, envoyé de l'ordre de Malte ; M. le baron DE STAEL, ambassadeur du roi de Suède ; M. BARRS, chargé d'affaires de la Pologne ; M. le marquis DEL CAMPO, ambassadeur d'Espagne ; don TORRÈS OSCARIZ, consul général d'Espagne ; le citoyen BLAUW, envoyé batave.

Une assez grande quantité de femmes occupent les premières places des tribunes publiques.

Auguis annonce qu'un grand mouvement était excité dans Paris.

Pierret, au nom du comité de sûreté générale, annonce qu'un très-grand mouvement est organisé dans ce moment contre la Convention nationale ; qu'un mouvement s'était manifesté dans divers quartiers de Paris ; que des citoyens très-échauffés, des femmes furieuses couraient les rues, formaient des groupes, et entraînaient à leur suite ceux qui refusaient de marcher ; que plusieurs hommes portaient sur leurs chapeaux : *Du pain, et la constitution de* 1793 ; qu'un rappel général avait été battu.

Isabeau : Je vais donner lecture d'un écrit séditieux qu'on répand avec profusion dans Paris, et qui porte pour titre : INSURRECTION DU PEUPLE, *pour avoir du pain et recouvrer ses droits.*

« Le peuple, considérant qu'on le laisse impitoyablement mourir de faim ; que le gouvernement est tyrannique lorsqu'il fait arrrêter arbitrairement, et transférer de cachot en cachot, les meilleurs citoyens ; que la cavalerie a refusé de prêter serment à la tyrannie ;

« Considérant que l'insurrection est le plus sacré des devoirs lorsque le gouvernement viole les droits du peuple ; considérant que c'est à la portion du peuple la plus voisine du gouvernement à le rappeler à ses devoirs ; le peuple arrête :

« Aujourd'hui, sans plus de délai, les citoyens de tout âge et de tout sexe se porteront à la Convention pour lui demander du pain, l'abolition du gouvernement révolutionnaire, la constitution de 1793, la destitution des membres du gouvernement actuel et le remplacement, et l'arrestation de ceux des membres qui ont participé à la tyrannie, la liberté des citoyens qui ont eu le courage d'élever la voix contre la tyrannie et de demander du pain, la convocation des assemblées primaires pour le 25 messidor prochain.

« Il sera conservé le respect dû à la représentation nationale ; il sera pris des mesures nécessaires pour assurer le succès de cette insurrection ; les barrières seront fermées ; le peuple s'emparera de la rivière, du télégraphe ; les représentants devant être à leur poste, ceux qui seront trouvés dans les rues seront ramenés au sein de la Convention ; les canonniers, les cavaliers et autres soldats qui se trouvent à Paris, sont invités à se ranger sous les drapeaux du peuple.

« Tout pouvoir non émané du peuple est suspendu. Tout fonctionnaire public qui refusera d'abdiquer sur-le-champ sera puni comme ennemi du peuple ; quiconque proposerait de marcher contre le peuple sera puni comme ennemi de la liberté. Les sections partiront dans un désordre fraternel et emmèneront celles qui seront sur leur passage ; le mot de ralliement du peuple est : *Du pain, et la constitution de* 1793. Quiconque ne portera pas ce signe sera arrêté. »

Le rapporteur ne propose aucune mesure, et annonce que les comités réunis prennent toutes les mesures nécessaires pour assurer le respect dû à la représentation nationale.

L'Assemblée décrète que la commune de Paris sera responsable envers la république entière de toute atteinte qui pourrait être portée à la représentation nationale, etc., etc.

Elle décrète également que la Convention nationale se déclare en permanence jusqu'à ce que la tranquillité soit rétablie dans Paris.

Mathieu propose et l'Assemblée adopte la proclamation suivante :

« CITOYENS,

« La Convention nationale, dont le vœu le plus ardent, celui de pourvoir aux besoins du peuple, serait depuis longtemps accompli, si l'action du gouvernement n'eût été entravée par les ennemis de la chose publique, croit devoir, dans ce moment de trouble et d'agitation, tracer aux bons citoyens la route qu'ils ont à suivre et les devoirs qu'ils ont à remplir.

« Des hommes trop connus par le rôle infâme qu'ils ont joué sous le règne affreux de la dernière anarchie ont organisé la révolte, sous le nom d'insurrection. Toutes les demandes accessoires qu'ils joignent aux demandes de subsistances donnent lieu de douter si leur objet est de se plaindre de notre malheureuse position à cet égard, ou d'en profiter. Disposés à armer les besoins qu'ils irritent, et qu'ils ont le secret de fruster par les craintes qu'ils entretiennent et par l'éloignement de la confiance, ils affectent de s'étonner que les circulations soient aussi peu productives. Voilà, citoyens, les hommes auxquels vous devez opposer la méfiance, dont vous devez repousser les insinuations perfides ou les séditieuses provocations.

« Ils vous offrent l'enseigne déshonorante et sinistre de la révolte qui mène à la servitude. Votre courage et votre amour pour la république, votre zèle actif pour la sûreté des personnes et des propriétés, garantissent à la représentation nationale, que vous ne connaîtrez de drapeau que celui qui tant de fois fut honoré par la victoire, que vos enfants, vos frères et vos amis aiment à voir à la tête de leurs phalanges, le drapeau tricolore qui, dans des contrées lointaines, conquises par leur intrépidité, présente à leurs regards enflammés la précieuse et encourageante image de la patrie.

« Citoyens, les provocateurs des troubles se gardent bien de vous dire leur secret : ils abhorrent la paix qui pourrait ramener l'abondance et vivifier l'industrie. Un traité de paix devait être et fut signé à Bâle le 16 germinal dernier; le 12 germinal ils excitèrent une révolte. Des négociations, suivies avec activité et prudence, ouvrent au gouvernement une perspective heureuse, et lui promettent des résultats satisfaisants; ces mêmes provocateurs s'efforcent d'étouffer à sa naissance le germe de votre bonheur, et de rompre le fil des opérations politiques de ceux qui gouvernent.

« Citoyens, c'est au moment où vous allez recueillir le fruit de tant de pénibles sacrifices, c'est au moment où un gouvernement définitif, seul remède aux maux présents, va être donné à la France, sur les bases de la liberté et de la légalité; c'est au moment enfin où vous touchez au port, que vos ennemis du dedans et du dehors s'agitent pour exciter des orages et précipiter cette ville et la France contre les écueils encore ensanglantés de l'anarchie.

« Quoi que tente la perfidie, quoi qu'elle entreprenne, la Convention nationale, qui, par son courage, sera toujours digne de son poste, ne rouvrira ni les Jacobins, ni le Temple. Le génie de la liberté s'enflamme : forte de la confiance de tous les bons citoyens, elle saura remplir ses destinées et achever honorablement sa carrière.

« Il nous est pénible, citoyens, de vous entretenir dans cet instant de tout autre objet que des subsistances. Vos besoins multipliés et pressants affectent notre sensibilité, et occupent depuis longtemps notre zèle; mais peut-on songer aux malheurs d'une disette sans se reporter sur la désorganisation qui en fut cause? peut-on songer au mal sans fixer son attention sur ceux qui voudraient l'aigrir? La Convention, de son côté, en redoublant, autant qu'il est possible, d'ardeur et de soins, peut pourvoir à vos besoins et se livrer à la confiance d'être secondée par le patriotisme actif de tous les bons citoyens, amis des lois, de la liberté et de la paix, attachés par principes au maintien des propriétés. Ce légitime espoir double sa force, prépare le succès des nouvelles mesures du gouvernement en subsistances, et donnera pour résultat, dans la crise actuelle, au besoin, des ressources plus abondantes, à vos ennemis, l'opprobre d'une défaite, à la république l'éclat et l'utilité d'un triomphe.

« Signé : Boissy, *ex-président*,

« Mollevaux, St-Martin (de l'Ardèche), *secrétaires*. »

Bientôt les portes de l'Assemblée ont été forcées; une foule immense s'y est introduite ; longtemps la garde et la Convention ont résisté.

Le député Delmas est chargé de la direction de la force armée de Paris.

Henri Larivière, La Rivière, Lahaye, Porcher, Villers, Corenfustier, Philippe Delleville, Legot, Chazal, Villet, Génissieux et Sevestre sont envoyés dans les sections de Paris pour éclairer le peuple sur les manœuvres qu'emploient ses ennemis pour l'égarer.

Lehardy (de la Seine-Inférieure) : Le mouvement qui éclate dans ce moment a la même source, les mêmes auteurs et le même prétexte que celui du 12 germinal. J'ai lieu de soupçonner les députés qui ne se sont pas rendus en arrestation, d'en être les auteurs. J'ai lieu de soupçonner aussi ceux de leurs partisans qui sont encore dans votre sein. (Des murmures s'élèvent dans la partie gauche.)

Auguis : Dans les rassemblements on reproche hautement aux citoyens d'avoir combattu contre le tyran le 10 août, et d'avoir le 12 germinal, soutenu la Convention. (L'Assemblée frémit d'indignation.)

Bourdon : Oui, le mouvement que l'on prépare est le pendant de celui du 12 germinal. Les maux du peuple sont prêts à être soulagés ; nous touchons au moment d'une paix générale ; j'ose le dire, elle est déjà peut-être signée. (Vifs applaudissements.) C'est ce moment qu'on choisit pour déchirer le sein de la république. On vous demande la constitution de 1793. Nous aussi, sans doute, nous la voulons, mais nous la voulons solide et durable. On veut persuader aux puissances qui signent notre alliance qu'elles ne peuvent ici compter sur rien et que nous sommes à la veille d'un bouleversement général. Peuple français, peuple de Paris, reconnais à ces traits la rage de ces incorrigibles royalistes. Peuple, je t'en conjure, au nom de la liberté, ne déshonore pas la gloire de tant de travaux. Pendant quatre années tu as souffert, tu as combattu pour la liberté : quelques moments de patience encore, et l'abondance et la paix seront le fruit de ta vertu. (On applaudit.)

Merlin (de Douai) : Je prie la Convention de rapprocher les circonstances : le 12 germinal, un mouvement, commencé le 11, éclata, parce que le 11, le courrier porteur des articles du traité de paix était parti pour Bâle. Dans le même moment, un mémoire adressé à la diète de Ratisbonne, par une des puissances bellígérantes, faisait un crime au roi de Prusse d'avoir signé la paix avec la république. Nous sommes au moment de signer d'autres traités, et les mêmes manœuvres sont employées.

Plusieurs membres : Que dans cet instant de crise un appel nominal soit fait, et que des huissiers se portent au domicile des représentants pour les convoquer.

Un membre : Je demande que la Convention décrète que nul représentant ne pourra sortir de cette enceinte.

L'Assemblée passe à l'instant à l'ordre du jour, motivé sur ce que le devoir des représentants du peuple est de mourir, s'il le faut, à leur poste.

Des députés de la section Lepelletier sont à la barre, et protestent, par une adresse pleine d'énergie, de leur dévouement à la Convention. Après lecture, la Convention en décrète l'impression et l'affiche dans Paris. De nouveaux groupes armés s'introduisent dans la salle.

André Dumont annonce qu'il a été, dans la nuit, averti à Versailles qu'un mouvement devait éclater dans Paris : les bruits les plus absurdes étaient répandus de toutes parts ; on dit que l'Assemblée veut un roi, qu'elle attend qu'on vienne le lui demander ; on dit Paris en révolte ; que le massacre y est à l'ordre du jour ; qu'un député ne peut sortir sans être insulté. Les papiers publics semblent aussi ligués pour attaquer tous les représentants ; ils s'élevaient, il y a quelque temps, contre le sans-culottisme, aujourd'hui ils crient contre le luxe. Il faut que l'Assemblée se prononce avec énergie, s'écrie André Dumont. (On applaudit longtemps.) La révolution, reprend-il, est pour tous les bons citoyens, riches comme pauvres. Quiconque aime la république, la liberté, les lois, est citoyen ; il doit jouir des bienfaits de la révolution. (On applaudit.) Que l'Assemblée sévisse contre les méchants et les assassins ; qu'elle fasse un appel aux bons citoyens (on applaudit), bientôt elle sera entourée d'une force puissante, les séditieux ne pourront rien, et elle fera le bien qu'elle veut, qui est dans son cœur.

Tout à coup des cris se font entendre, les portes sont forcées ; une foule de femmes se précipitent dans les tribunes : *Du pain ! du pain !* s'écrient-elles ; elles insultent, elles menacent les représentants.

Vernier est au fauteuil, il se couvre ; la tranquillité se rétablit.

Ces murmures affreux, dit-il, présagent une tempête ; mais que ces femmes fassent attention que leurs cris ne changeront rien à l'attitude de la Convention : le pain qu'elles demandent est l'objet de notre constante sollicitude...

Des huées s'élèvent de tous côtés.

Le président : Vos cris ne hâteront pas d'un instant l'arrivée des subsistances; le désordre les empêchera d'arriver...

Le président est de nouveau interrompu par les vociférations.

Il est impossible, s'écrie *Louvet,* que les bons citoyens ne soient pas ici les plus nombreux : ils ne souffriront pas, sans doute, que les cris séditieux que nous venons d'entendre recommencent. Nous sommes les représentants de 25 millions d'hommes; souffrirons-nous que cinquante malintentionnés nous fassent la loi? Non! un outrage vient de vous être fait : ordonnez que cette tribune soit vidée; les royalistes, les terroristes, sont réunis contre vous; réunissez-vous pour les écraser.

Toute l'Assemblée se lève, les cris et les huées recommencent.

André Dumont est au fauteuil; il annonce qu'il vient de donner au général Fox l'ordre de se charger du gouvernement provisoire. (On applaudit.)

Le général Fox paraît; il jure de faire respecter la Convention, ou bien de périr à son poste.

Thibaudeau : Je demande que le général soit autorisé à repousser la force par la force. — Décrété.

Le général Hoche, à la tête de la force armée, fait vider la tribune d'où les cris sont partis.

La salle retentit au même instant des coups redoublés dont on frappe aux portes; elles sont brisées; une foule armée se précipite par l'une d'elles dans la salle.

Aux armes! aux armes! crie-t-on à l'autre porte; les vétérans, les gendarmes marchent les armes hautes contre les assaillants et les repoussent.

La foule cède en jetant des cris épouvantables; elle recule jusqu'au salon de la Liberté : là un choc violent s'engage, le bruit des armes retentit dans la salle. André Dumont et plusieurs députés courent vers le lieu du combat. Kervélégan est blessé au bras et à l'épaule, mais il n'en continue pas moins de tenir tête aux furieux.

Boissy d'Anglas monte au fauteuil.

Auguis paraît; il est en costume, le sabre nu à la main; une nombreuse force armée le suit ; ils se précipitent vers l'endroit du choc : deux chefs des séditieux sont arrêtés ; on les traîne par les cheveux dans la salle, plusieurs représentants les couvrent de leurs corps et arrêtent les bras levés sur leurs têtes.

Auguis : Le sanctuaire des lois a été violé, mais vous ne voulez pas que le sang coule !

Toutes les voix : Non ! non !

Auguis : Eh bien ! on répand le bruit que des femmes ont été égorgées ! (Il se fait un mouvement d'indignation.)

J. Chénier : Nous sommes prudents, mais nous serons fermes ; rien ne nous intimidera.

Non ! non ! s'écrient les représentants.

Les hommes arrêtés sont conduits au comité de sûreté générale ; un instant après, le président annonce que les poches d'un de ces hommes qui demandaient du pain à grands cris, en étaient remplies.

Garnier : Grâce à l'énergie de la Convention, à la sagesse des mesures prises par les comités et au courage des Parisiens, la journée du 1er prairial, comme celle du 12 germinal, tournera à l'avantage de la république. Mais, ajoute-t-il, les subsistances sont l'arme terrible dont se servent les malveillants ; déjà plusieurs sont partis pour se répandre dans les campagnes, dire qu'on s'égorge ici pour empêcher les arrivages.

Il demande qu'il soit sur-le-champ envoyé des courriers aux représentants chargés de veiller à l'approvisionnement de Paris, pour les instruire de la vérité des faits. — Décrété.

De nouveaux cris se font entendre ; de toutes parts on crie aux armes ! la force armée marche : le combat s'engage de nouveau ; on tire trois coups de fusil : la foule se précipite avec fureur dans la salle et sur les bancs.

Du pain et la constitution de 93 : ces mots étaient écrits avec de la craie sur les chapeaux.

A bas les scélérats ! Du pain ! du pain ! tels sont les cris que les révoltés poussent de toutes parts dans la salle.

Vive la Montagne ! crient plusieurs voix ; les députés qui siégent de ce côté se lèvent ; ils disent qu'ils sauveront le peuple.

Le reste des députés ne prend aucune part à ce mouvement.

Un coup de sabre est porté au représentant Saint-Martin qui le pare.

Les factieux se précipitent vers le président Boissy d'Anglas, des officiers le couvrent de leurs corps.

Féraud monte à la tribune, il est poursuivi par une foule de furieux : on tire sur lui un coup de pistolet; il est atteint et tombe au pied de la tribune : son sang rejaillit sur ses collègues ; il coule de la tribune.

Les assassins s'emparent du corps de ce représentant, le traînent, coupent la tête, la mettent au bout d'une pique, la promènent, l'apportent dans la salle, la présentent au président Boissy d'Anglas, qui reste calme. Vernier pérore à la tribune, que Romme veut escalader. On remarque un homme bien mis qui parle à l'oreille de Boissy.

De nouveaux cris s'élèvent : Délibérons! délibérons! Du pain! du pain! A bas Fréron! à bas Tallien! à bas les muscadins! Nous voulons une municipalité, la liberté des patriotes!

Vernier remplace Boissy au fauteuil ; ce dernier, longtemps injurié, menacé, plusieurs fois couché en joue, était demeuré tranquille, couvert, dans une attitude fière, et n'avait cessé de s'efforcer de maintenir le respect dû à la Convention.

Un garde national ose essayer d'écarter la foule, tandis qu'un nègre appelle à la révolte.

Quelques députés présents se réunissent à une place qui leur est laissée libre dans la partie gauche de la salle.

Dussaulx obtient la parole, il dit :

Citoyens, regardez, je vous en conjure, au milieu de cet horrible tumulte, la contenance fière et calme des ministres des puissances étrangères et de ceux qui les accompagnent. J'entends dire, et je n'en doute pas, qu'ils veulent tous mourir avec nous. Généreux amis de notre république vainement assaillie, vous vivrez et nous triompherons du crime : la mémoire de votre généreux dévouement ne sera jamais oubliée, non! jamais!

Je demande l'insertion au bulletin, de la conduite des ministres et des hommes braves qui les accompagnent. — Adopté.

Romme parvient enfin à la tribune, au milieu des plus vifs applaudissements du peuple armé. Il tient une des proclamations, et propose d'en mettre aux voix le premier article : la liberté des patriotes détenus depuis le 9 thermidor. Cette rédaction, présentée par Duroy, est adoptée.

Les chapeaux levés en l'air, et les acclamations du peuple répondent à cette proposition.

Les articles suivants sont adoptés de la même manière et aux mêmes acclamations :

1° Toutes procédures criminelles commencées contre des patriotes sont suspendues.

2° La loi du 5 ventôse, qui ordonne le désarmement des prétendus terroristes, est rapportée.

3° Les députés arrêtés le 12 germinal, ceux qui se sont soustraits au décret d'arrestation, rentreront dans le sein de la Convention.

4° Les autorités constituées sont responsables de l'exécution de ces décrets.

5° Des courriers extraordinaires les porteront aux représentants en mission.

Romme : Je reparais à la tribune pour faire des propositions très-essentielles. Je demande : 1° Qu'il soit défendu aux pâtissiers et aux traiteurs de faire des brioches ou des pâtés ; 2° Qu'il soit fait des visites domiciliaires pour que les subsistances soient également partagées. — *Une voix :* Et que les assignats soient au pair avec l'or et l'argent.

Ces propositions sont accueillies au bruit des applaudissements. Les chapeaux sont levés en signe d'adhésion.

Romme fait décréter, en outre, que les sections seront permanentes.

Goujon : Il est une précaution essentielle à prendre ; il faut éclairer nos frères des départements sur cette journée ; il faut leur envoyer une adresse, et les instruire des causes de l'insurrection du peuple.

Vous avez adopté de très-bonnes mesures, mais il faut les exécuter : je demande la création d'une commission d'exécution ; que les patriotes incarcérés sortent à l'instant de prison. Quant aux comités du gouvernement actuel, ils ne sont pas avec nous, je demande leur suppression.

Plusieurs femmes se lèvent en criant : L'arrestation ! Une femme des tribunes veut parler ; la foule assise sur les bancs des députés lui impose silence.

Goujon : Encore une mesure pressante : on assure que des troupes circulent autour de Paris, il faut prévenir les autorités qui pourraient les faire servir contre le peuple et exciter la guerre civile. Je demande que toutes les forces soient mises à la disposition de la commission exécutive que vous allez créer. — Les chapeaux se lèvent encore en signe d'adhésion.

Peyssard : Je demande la destitution de tous les fonctionnaires en place depuis le 9 thermidor.

Duquesnoy : Je demande l'arrestation des comités du gouvernement, et celle des comités des sections de Paris.

Bourbotte : Je demande l'arrestation des folliculaires qui empoisonnent l'opinion publique (de très-vifs applaudissements interrompent). Ils ont avili la Convention, déchiré les représentants du peuple les plus fidèles, et ceux surtout que vous allez rendre à la liberté.

Chacune de ces propositions est accueillie avec enthousiasme par la foule qui remplissait la salle. Le petit nombre des députés restés levaient leur chapeaux en signe d'adhésion.

Albitte : Je demande que la Convention reprenne son attitude ordinaire, et que les secrétaires recueillent les décrets rendus.

Gaston : Je demande que les comités rendent compte sur-le-champ des mesures qu'ils prennent.

Legendre et Decloy se présentent à la tribune.

Legendre : Vos comités de gouvernement nous ont chargés de vous inviter à rester à votre poste, d'inviter les citoyens ici présents à sortir de la salle et à laisser délibérer... (Les huées les plus violentes l'interrompent ; les cris A bas ! à bas ! s'élèvent.) Le président se couvre. Legendre se retire de la tribune.

Un membre : Vous voyez que les comités du gouvernement ne veulent point exécuter vos décrets. Je demande que la commission exécutive que nous allons nommer s'empare à l'instant des papiers des comités, et que les membres soient mis en état d'arrestation.

Bourbotte, Duroy, Duquesnoy et Prieur (de la Marne), sont nommés membres de la commision.

Les trois premiers déclarent qu'ils se rendent au poste que le peuple leur confie, dussent-ils être déportés ou incarcérés.

Un membre : Je demande la suspension de tous les autres comités, car si vous en laissez subsister un seul, vous aurez une seconde nuit du 12 germinal.

A l'instant les membres de la nouvelle commission sont repoussés au dehors et rentrent dans la salle : des cris se font entendre à l'extérieur; le tambour bat le pas de charge. Une foule de citoyens armés, ayant à leur tête Auguis, Legendre, et des militaires, entrent, la baïonnette en avant, aux cris de : Vive la Convention ! à bas les jacobins !... La foule, pressée sur elle-même, résiste un moment; le choc devient très-violent, les citoyens redoublent de vigueur et attaquent par diverses issues. Le rassemblement qui délibérait avec les députés s'ébranle et cherche son salut dans la fuite. Les uns se précipitent aux portes, les autres dans les tribunes; d'autres s'échappent par les fenêtres; la force armée s'empare de tous les points de la salle. Les députés qui avaient fait les propositions adoptées par la multitude sont investis; les représentants reprennent leurs places. La Convention, rendue à la liberté, est bientôt complétement réunie.

Les cris de : Vive la Convention ! vive la république ! A bas les jacobins ! hors la loi la Montagne ! se font entendre.

Legendre : Je demande que, pour prouver l'entière liberté des représentants qui viennent de se réunir, tous les braves citoyens qui ont si bien servi la patrie dans cette circonstance sortent de notre enceinte, et continuent de nous seconder de leur énergie.

La Convention reste seule dans le lieu de ses séances; la force armée se retire et remplit les tribunes.

Legendre demande que la Convention annule les prétendus décrets rendus par la minorité conspiratrice de la Convention.

Les feuilles éparses qui recueillaient les propositions adoptées sont brûlées au milieu d'applaudissements réitérés.

Thibaudeau : Votre salut dépend en ce moment des mesures énergiques que vous allez prendre. Arrêtez sur-le-champ les orateurs et les représentants qui ont délibéré avec les égorgeurs de la Convention.

L'Assemblée se lève tout entière et décrète la proposition.

Tallien : Je demande que le soleil ne se lève pas demain sur la tête des conspirateurs...

On applaudit très-vivement. Le décret suivant est aussitôt rendu :

« La Convention nationale décrète d'arrestation Bourbotte, Duquesnoy, Duroy, Prieur (de la Marne), Romme, Soubrany, Goujon, Albitte l'aîné, Peyssard, Lecarpentier (de la Manche), Pinet l'aîné, Borie, Fayau, Rhull.

« La Convention nationale décrète que les membres mis ce jour en arrestation seront sur-le-champ transférés au comité de sûreté générale, pour l'exécution du présent décret. »

Sur la proposition de plusieurs membres, les décrets suivants sont rendus :

« La Convention nationale décrète que les représentants délibéreront avec le costume qu'ils portent aux armées. »

« La Convention nationale décrète que, jusqu'à ce que le calme soit rétabli dans la commune de Paris, aucune femme ne sera admise dans les tribunes de la salle où se tiennent les séances de l'Assemblée, et qu'à l'avenir elles n'y seront admises que lorsqu'elles seront accompagnées d'un citoyen, qui sera tenu de présenter sa carte de citoyen à la garde qui sera placée au bas de l'escalier qui conduit à ces tribunes. »

« La Convention nationale décrète qu'il sera à l'instant fait une proclamation pour prévenir tous les bons citoyens de Paris et des départements que la Convention a triomphé de la malveillance, qu'elle a repris ses délibérations et qu'elle restera en séance permanente jusqu'au parfait rétablissement de l'ordre. »

Les comités du gouvernement annonçent, à trois heures du matin, que la Convention peut, sans danger pour la chose publique, suspendre sa séance.

La Convention entend plusieurs députations des sections, qui se sont réunies en assemblées générales et qui ont arrêté de ne reconnaître pour point de ralliement que l'Assemblée des représentants du peuple français.

La séance est suspendue, le 2, à cinq heures du matin, et reprise à dix heures; elle ne s'est terminée que le lendemain, 3 prairial.

NOTES

EXTRAITES DE LA BROCHURE INTITULÉE LE PREMIER JOUR DE PRAIRIAL

PUBLIÉE EN L'AN III *

1 — Le 18 floréal, un homme convaincu d'avoir, le 13 germinal, tiré, avec intention, et à bout pourtant, un coup de pistolet sur le citoyen Raffet, au milieu de l'attroupement séditieux des Champs-Élysées, a été condamné.... *à la déportation.* C'est, je crois, le seul individu puni pour les attentats des 12 et 13 germinal. Je m'abstiens ici de toute réflexion.

2 — Dans la première décade de floréal, on a vu plusieurs fois des femmes quitter la porte des boulangers pour se porter, *en masse*, à la Convention, aux agences, aux comités de section. Il est à propos que nos frères des départements sachent comment se forment les rassemblements de ce genre.

Six coquines salariées, autant de femmes enivrées préalablement pour cette expédition, douze ou quinze autres que les premières ont trompées par des bruits mensongers, ou exaltées par des plaintes insidieuses, appuient de concert le projet mis en avant par une motionnaire soudoyée. Aussitôt elles forcent toutes les femmes qui sont avec elles, *à la queue*, et toutes celles qu'elles rencontrent, de grossir leur troupe.... Cette violence seule doit être considérée comme un véritable assassinat. De plus, l'intention séditieuse est assez claire. Chacun sent que l'intérêt de leur propre conservation prescrit aux membres de la Convention, et à tous les agens des subsistances, de faire distribuer le plus de pain possible. On ne peut donc sérieusement leur en demander davantage, et, en se couvrant de ce prétexte, l'on n'a d'autre dessein que d'exciter du trouble.

On n'a point réprimé ces excès, et mille autres aussi coupables, que l'on a feint d'ignorer. Cependant il eût suffi d'exécuter les dispositions de la loi du premier germinal. Un seul exemple de fermeté eût assuré la paix publique.

Ces scènes ne se sont pas renouvelées depuis le premier prairial. Également, on ne

* Les notes qui n'appartiennent pas à cet ouvrage se distinguent par la citation du nom du livre, ou de l'auteur, auquel nous les avons empruntées.

voit plus d'hommes ni de femmes tomber d'inanition dans les places publiques. Ces comédies, fréquemment représentées en floréal, étaient l'artifice le plus lucratif des agitateurs, puisqu'il servait merveilleusement à égarer l'opinon par l'exaltation de la pitié, et qu'en même temps il valait aux acteurs des dons assez considérables; mais, par malheur, une femme, après être ainsi tombée dans la rue du Théâtre-Français, et après avoir reçu abondamment du bouillon, du riz, de la viande, des assignats et même du pain, est allée, un peu trop vite, renouveler sa défaillance dans la rue André-des-Arcs. Des personnes qui venaient de la secourir, passant auprès d'elle, la reconnurent, la qualifièrent comme elle le méritait, et l'empêchèrent de trouver de nouvelles dupes. Ce fait, que je tiens d'un témoin oculaire, a gâté le métier. Cette femme se nommait La Belair : dans la journée du 1er prairial, elle était une des plus acharnées, avec la fameuse Terwagne, dont les débordements et la rage étaient passés en proverbe; elle était de la plus grande beauté.

3 — On affirmait que, parmi les troupes arrivées à Paris, il y avait un régiment composé presqu'en entier de Prussiens.

« Ces troupes sont ici, disait-on, pour assurer l'exécution de la loi; mais si elles « font le moindre acte de force, on les traitera comme les Suisses l'ont été le « 10 août. »

« La véritable destination de ces troupes, ou ce que leur arrivée présage, c'est « un 10 août contre la Convention, » disaient sourdement quelques hommes qui ne manquaient ni de projets, ni d'espérances.

Ce mot rappelle une idée avouée par quelques représentants du peuple, que le 12 germinal avait été le 20 *juin* de la Convention. Le premier prairial devait sans doute en être le 10 *août*. On peut faire, entre ces époques, des rapprochements curieux, même sur les intervalles, qui se rapportent presque exactement.

J'ajouterai qu'on s'est vu obligé d'éloigner de Paris le premier régiment qu'on y avait appelé. Il était travaillé avec activité et succès. De jour en jour l'esprit y devenait moins bon; un séjour un peu plus prolongé l'eût absolument perverti.

4 — Il est d'autant plus surprenant que le premier prairial on se soit contenté de faire d'abord un rappel, que dans le faubourg Antoine on avait battu la générale et sonné le tocsin dès cinq heures du matin. Dans plusieurs autres sections, les femmes s'étaient aussi emparées des caisses des tambours, pour se rappeler entre elles.

5 — Un nommé Magnet, détenu à Rennes pour fait de dilapidations, auteur de mille assassinats dans une commission révolutionnaire qu'il présidait, vient d'écrire au comité de sûreté générale « qu'il est l'auteur de ce plan d'insurrection, et l'a lui-même adressé au *comité central* qui existait dans Paris. » Son interrogatoire contient le même aveu. Il refuse absolument d'indiquer les membres de ce comité secret et le lieu où ils s'assemblent, mais il ajoute que le succès des insurgés était infaillible, s'ils n'eussent eu la sottise de ne point faire main basse sur les comités de gouvernement, les députés mis hors la loi, les soixante-treize, les scélérats Fréron, Tallien et Sieyés, etc.

6 — On avait voulu, dans quelques sections, sinon punir, du moins censurer les hommes insouciants qui, dans les jours de danger, avaient dédaigné de partager le zèle de leurs frères : les uns se promenant avec des femmes comme un jour de fête; les autres se cachant pour attendre l'événement, et se ranger du parti le plus fort. Mais il y avait, dans ces assemblées, beaucoup de ces hommes et de leurs amis, en sorte que la chose n'a pas été plus loin qu'une simple proposition. Cette proposition a même été traitée, dans une séance, de *motion de terreur, digne de Robespierre.*

Il faut avouer aussi que les chefs de postes n'ont pu tenir des listes bien exactes des citoyens présents; et cette difficulté, prévue par les *indifférents*, leur a donné l'assurance d'échapper à la publicité ignominieuse de leur lâche inaction.

7 — Les femmes, la Terwagne à leur tête, demandant sans cesse du pain, refusaient de laisser délibérer la Convention. Elles menaçaient ouvertement et le président et le représentant Féraud, que son indignation énergique leur faisait remarquer. Il s'était même établi une sorte de colloque entre la Convention et ces tribunes; ce colloque et les cris des femmes ont duré longtemps après le premier ordre donné pour leur expulsion. Ce n'est que presqu'à l'instant où les portes ont été forcées qu'elles se sont retirées.

On a observé que les membres de la Crête ont gardé constamment un silence profond dans les moments où le sénat témoignait l'indignation la mieux fondée.

8 — Deux hommes, en uniforme national, ayant au chapeau les mots de ralliement, insultaient deux députés revêtus de leur costume. Un citoyen du bataillon des Piques leur dit : « La paix! mes amis, la paix! » — « Ne vois-tu pas, » lui répondent-ils avec l'accent de la fureur, « ne vois-tu pas que ce sont des dé« putés?..... »

Ce patriote, à qui tous ses camarades font des signes au même moment, est obligé de se taire, et, depuis, on lui a reproché *son imprudence.*

9 — Les rebelles criaient, le premier prairial, aux citoyens des bataillons : « A bas « les sabres! à bas les bayonnettes! » On en a vu d'assez lâches pour obéir.

Le 2, un poste nombreux barrait une rue où la foule s'obstinait à vouloir pénétrer. Le bruit se répand que le faubourg Antoine va tenter de forcer cette issue. Trente soldats au moins s'éloignent sous prétexte d'aller prendre leur repas, se confondent dans la foule et disparaissent.

10 — Henri Larivière, remplissant les mêmes fonctions que Doulcet, a éprouvé un sort pareil. Attaqué plusieurs fois dans les rues par les femmes, il a été renversé sur la place du Carrousel, frappé et traîné par les cheveux l'espace de plus de vingt pas. On lui a même porté plusieurs coups de sabre qui, heureusement, ne l'ont point blessé.

11 — Un homme, nommé Sevin, garçon boucher, et qui joua dans l'enceinte de la Convention un rôle atroce, montrait ses mains horriblement ensanglantées. Ce sang était, disait-il, celui d'une femme à qui un député avait fendu le ventre d'un

coup de sabre. « Tu es un scélérat, lui dit un citoyen en le saisissant au collet, « je viens de te voir ensanglanter tes mains avec un foie de mouton. »

12 — « Pour qui es-tu toi? » demande à un citoyen celui qui était près de lui dans les rangs. — « Pour la république et la Convention. » — « Il ne s'agit pas « de cela. Il s'agit de décider entre *les mains douces* et *les mains rudes*. Il faut « que tout cela finisse. »

13 — Bien des personnes ont, ainsi que moi, entendu ce propos de la part de plus de douze cavaliers, qui ramenaient leurs chevaux par la bride, du Carrousel à la rue de l'Échelle.

14 — On assure que le tocsin du pavillon de l'Unité est le même qui, du clocher de Saint-Germain-l'Auxerrois, donna le signal de la Saint-Barthélemi.

15 — Un moment avant que les rebelles se rendissent maîtres de la Convention, un représentant, interrogé par un citoyen inquiet des dangers de la chose publique, lui dit de ne rien craindre, que le calme serait bientôt rétabli, qu'il ne fallait que de la prudence... C'est cette aveugle confiance des patriotes qui, mille fois, a pensé perdre la France.

On sait que Louvet, au même moment, appelait contre les séditieux les hommes mêmes de la Montagne : *Tous ensemble écrasons les séditieux*, s'écriait-il, *unissons-nous pour sauver la patrie!* Le rapprochement de ces circonstances lui a fourni un beau mouvement oratoire dans le discours prononcé à la fête funèbre célébrée en l'honneur de Féraud.

16 — Si l'on en croit Louvet (discours prononcé à la fête funèbre, etc.), l'adjudant Liébaud allait prendre les ordres du président lorsqu'il a été frappé par les rebelles; et c'est en voulant le défendre que Féraud a perdu la vie. Suivant *le Moniteur*, le jeune citoyen Mailly, fils d'un député, arrache le chapeau d'un rebelle et reçoit deux coups de sabre à côté du président, à la défense duquel il se dévouait. Dans le même instant, Féraud voulait escalader la tribune pour se jeter au-devant du président mis en joue par une foule d'individus. Un officier le soutenait. Un rebelle veut le retenir. L'officier frappe celui-ci qui, pour se venger, atteint Féraud d'un coup de pistolet. Liébaud a eu également le bonheur de faire de son corps un rempart à Boissy Son action et celle du jeune Mailly ont été mentionnées à la Convention, et ces deux patriotes ont reçu l'accolade fraternelle au milieu des plus vifs applaudissements. Liébaud était déjà connu dans la guerre de la Vendée par ses talents militaires et par des actions vraiment héroïques.

A l'instant où l'on massacrait Féraud, un révolté porte un coup de sabre au représentant Saint-Martin, en lui disant : « Scélérat! tu mérites le sort de ton collègue. » Le représentant esquive le coup, et, à l'aide d'un autre citoyen, saisit le meurtrier qui voulait lui en porter un second; mais les rebelles l'ont bientôt délivré.

17 — Féraud, député des Hautes-Pyrénées. L'avant-veille de ce jour, il était re-

venu de l'armée du Nord; il était encore tout botté et n'avait pas dormi depuis son arrivée à Paris. Harassé par deux jours de fatigues, de courses à cheval, le visage souffrant, les habits déchirés, ce courageux représentant se jette au-devant de la foule qui déjà débordait dans la salle. Il harangue le peuple, lui présente sa poitrine nue, le conjure de ne pas violer la représentation nationale et se jette par terre pour barrer le passage de la porte. On passe sur son corps; la salle est forcée. Alors Féraud se relève, se précipite vers la tribune, en s'arrachant les cheveux, et cherche à couvrir de son corps le président. En ce moment les séditieux lui tirent par derrière un coup de pistolet; il tombe et on l'entraîne dans le couloir voisin où on lui tranche la tête.

(Barthélemy, *Douze Journées.*)

18 — « Que le règne des lois commence, dit-il à ses assassins, et que ma vie « finisse! à ce prix je meurs content. »

(*Histoire de la révolution française, publiée en* 1803.)

19 — Le principal assassin de Féraud, nommé Tinelle, garçon serrurier, fut livré au tribunal criminel, condamné à mort le 3 prairial, et arraché au supplice par une foule d'hommes déguisés en femmes, qui le portèrent en triomphe dans le faubourg Saint-Antoine. Cette victoire de la tourbe des anarchistes fut de courte durée. A peine la nouvelle en est-elle répandue dans Paris, que le général Menou, à la tête de 20,000 hommes, presque tous jeunes gens, dirigea sa marche vers le faubourg insurgé que Dubois-Crancé voulait que l'on bombardât. Les révoltés barricadent la principale rue de ce faubourg, mais on leur coupe toute communication avec celui de Saint-Marceau dont on craignait l'immense population. Les révoltés, cernés de toutes parts, ne pouvant soutenir une longue défense, sont contraints de livrer leurs canons, leurs fusils et même quelques chefs de la rébellion, parmi lesquels s'était distingué un nègre qui commandait les canonniers. Aussitôt une commission militaire jugea les vaincus, et en condamna à mort un grand nombre, entre autres une vingtaine de gendarmes, comme convaincus de s'être réunis aux rebelles. Ils furent exécutés le 6 prairial.

(*Ibid.*)

20 — Un homme s'approche du président et lui demande son nom. Boissy se nomme. « Quoi! s'écrie l'autre avec les plus horribles imprécations, quoi! tu es « ce Boissy qui nous a fait mourir de faim cet hiver! — Je suis Boissy, qui ne vous « ai point fait mourir de faim cet hiver. J'ai eu le tort au contraire de laisser « distribuer trop de pain, vu le malheur des circonstances. Si alors on l'eût éco« nomisé, on en aurait davantage aujourd'hui- — Tu es un scélérat! nous mou« rons de faim. Je n'ai pas de pain. — Je n'ai pas plus de pain que vous. — J'ai « une femme et quatre enfants. — J'ai une femme et des enfants. — Ah!... et tu « n'as pas de pain? — Je vous l'ai déjà dit. Si vous voulez vous en assurer, allez « chez moi, de ma part; je demeure à tel endroit... — Ma foi! tu as l'air d'un « brave homme. Mets-toi à notre tête. — Je ne le puis pas. Je suis à mon poste.— « Tant pis! — Et tu as une femme et des enfants? — Oui! — Et pas de pain? —

« Pas de pain. — Eh bien, tiens! en voilà un morceau, porte-le à ta femme... »
Et en effet, cet homme tire de sa poche un morceau de pain, que Boissy accepte et met dans la sienne. L'entretien continue.

« Dis-moi un peu, je t'en prie, où sont ces scélérats de Fréron et Tallien. Il faut « que j'aille massacrer ces gueux-là. — Je ne vous le dirai pas. Je l'ignore abso-« lument; et quand je le saurais, je ne voudrais pas vous le dire. — Ma foi! tu « as l'air d'un brave homme, c'est dommage que tu ne veuilles pas te mettre à « notre tête. »

C'est ce même homme, nommé Goupillon, porteur d'eau et natif d'Auvergne, qui deux minutes plus tard sauva la vie au représentant Kervélégan, blessé au bras et au genou, et que Sevin voulait assommer d'un coup de partrait.

Pendant que cette scène se passait, on remarquait sur les marches de la tribune un ouvrier tisserand, appelé Radi, qui, appuyé sur sa pique, paraissait jouir du spectacle affreux qui se passait devant ses yeux. Cet homme était très-méchant; il avait eu pour maîtresse la Belle-Rose, poissarde. Derrière lui était un malin de la Râpée, qui, avec une bande de tricoteuses, avait envahi le bureau du secrétaire Saint-Martin (de l'Ardèche).

Boissy, rentrant chez lui, à cinq heures du matin, n'entretient son épouse que de ce fait, et lui remet fidèlement le morceau de pain de Goupillon. C'est d'une autre personne que celle-ci a dû apprendre quels dangers incalculables son mari a courus, quelle fatigue il a essuyée, ayant tenu le fauteuil depuis une heure jusqu'à neuf, et l'ayant repris, lorsque la Convention a été délivrée, jusqu'à la fin de la séance.

Il faudrait la plume de Plutarque pour retracer un pareil trait avec les couleurs qu'il mérite.

21. — On dit que, dans cette confusion universelle, Boissy méconnut la tête de son collègue et crut que c'était celle du général Fox, à qui, peu d'instants auparavant, il avait donné un *ordre signé* de repousser la force par la force. Il dut, à cet aspect, regarder sa perte comme infaillible, puisqu'un pareil ordre devenait son arrêt, et cette certitude n'altéra point son courage.

22 — On devine aisément à quel point la chaleur et la poussière devaient être incommodes dans l'intérieur de la salle. Boissy témoigne en être violemment affecté. « Sors, et va prendre un peu l'air, » lui dit un homme placé à côté de lui. « Non, » répond Boissy, « je suis à mon poste; je ne veux point le quitter. — Je ne vous le conseillerais pas, » dit alors un jeune homme mis très-proprement qui participait d'une manière active à la révolte; « quand vous le voudriez, « vous ne le pourriez pas. — Pourquoi? — Avant d'être au bout de la salle, vous « seriez massacré. — Citoyen, répondit Boissy, vous ne me paraissez pas trop « aimer la république. — Il ne s'agit point de mon opinion; mais sûrement, la « liberté ne vaut pas cinq ans de révolution! » On suppose que c'est le même jeune homme qui, se penchant à l'oreille de Boissy pendant que la tête de Féraud lui était présentée, lui dit : « Eh bien, citoyen président, que penses-tu de la « république? »

23 — On sait que Boissy a été mis en joue, à différentes reprises, par un grand nombre d'individus et qu'on lui a crié plusieurs fois : « A bas le président ! » Voici un fait non moins connu et non moins certain :

Une femme des rassemblements, nommée Jeanne d'Arc, d'un caractère plus féroce que la Terwagne, et non moins belle, s'est dénoncée elle-même comme ayant assassiné le représentant Féraud. Les informations ont prouvé qu'elle avait seulement donné un coup de couteau à son cadavre. Interrogée sur les motifs de cet aveu mensonger, elle a répondu : « C'est que je voulais en finir. »

Elle a ensuite manifesté le dessein d'assassiner Boissy d'Anglas et le regret de n'avoir pu le faire dans la salle de la Convention. Ce représentant étant entré au comité de sûreté générale, elle l'a parfaitement reconnu pour celui que, dit-elle, *elle a promis de tuer*. Après avoir donné des renseignements très-clairs sur la demeure de Boissy, la forme de sa porte, les personnes commises à la garder : « Je me suis présentée chez toi à sept heures du matin, lui a-t-elle dit; un enfant, « c'est sans doute le tien, m'a ouvert et m'a fait parler à une femme que je crois « ton épouse. Heureusement pour toi tu dormais, car mon coup était infaillible; « je voulais te présenter une lettre et, dans l'instant où tu l'aurais lue, te poi- « gnarder. — Mais, lui a dit Boissy, vous ai-je jamais rien fait? — Non, mais « j'ai promis de te tuer. — Je ne crois pas avoir jamais fait de mal à personne. « — Non ! je sais que tu es des bons. — Et pourquoi vouloir me tuer ? — Oh ! les « mauvais s'égorgent entre eux; il faut expédier les bons. »

Boissy s'étant retiré, l'on demande à cette femme si elle veut encore le tuer. « Oui ! je l'ai promis, et je l'aurais fait tout à l'heure, à l'instant même, si j'avais « eu un couteau. » Il a été impossible de pénétrer pourquoi et à qui elle avait fait une promesse aussi atroce.

Cette femme est maintenant à la Conciergerie; elle n'est point folle comme on pourrait le penser. Mais on observe que son père et sa mère ont cessé de vivre avec elle, parce qu'ils ont failli deux ou trois fois être assassinés de sa main.

24 — « Bon! disait Tinelle, en voyant la tête de Féraud, bon !... mais ce n'est pas « seulement celle-là qu'il nous faut. J'espère bien porter au bout de ma pique « celle de Fréron.» — « Comme ils se sont enfuis! disait un autre en sortant de la « salle, il n'y a que ceux de la Montagne qui soient restés; ils savent bien qu'ils « n'ont rien à craindre... Ce n'est pas ici le 12 germinal..... nous allons expédier « les hommes du 9 thermidor. »

Je rapporte littéralement ce que j'ai entendu. J'ajouterai que les noms proscriptifs de *muscadins*, de *jeunesse dorée*, etc., étaient dans la bouche de ces mêmes hommes, suivis des menaces les plus affreuses. Un d'eux, ex-membre d'un comité révolutionnaire, a dit confidentiellement « qu'on ne devait laisser en vie que des « hommes mariés, encore d'un certain âge. »

25 — Il n'y eût pas eu de difficulté, quand même il ne se serait trouvé dans le nombre des factieux aucun ex-président. Albitte avait imaginé un moyen pour remédier à l'absence des secrétaires : c'était d'appeler au bureau les représentants qui avaient été près des armées; ce qui a été exécuté par lui-même et par Goujon. Un moyen semblable eût empêché le fauteuil de rester vacant.

26 — Il est essentiel d'observer que ces hommes disaient ensuite à Boissy que la patrie ne pouvait être sauvée que par un seul homme, qu'il fallait nommer un tribun du peuple.

27 — Il est certain que les députés conspirateurs ont souvent redouté leurs propres agents. Plusieurs ont cherché longtemps à prendre la parole, sans pouvoir imposer silence à la foule, dont ils mendiaient l'approbation. Ils avaient entendu un homme, prié de faire place sur les bancs à des députés, répondre insolemment : « Nous n'en n'avons pas besoin; nous ferons nous-mêmes la Con- « vention. » Enfin, lorsqu'ils sont parvenus à délibérer, les séditieux les interrompaient avec mépris à chaque instant et ne cessaient de leur répéter cette demande d'*une municipalité*, que les députés ont toujours feint de ne pas entendre, pour n'être point obligés de la convertir en motion.

28 — On peut croire que ce dernier motif était le véritable, d'après la scrupuleuse exactitude avec laquelle les révoltés exécutaient un article de leur manifeste, portant que « les représentants du peuple devant être à leur poste, ceux qui « seraient trouvés dans les rues seraient ramenés au sein de la Convention. »

Sergent s'était retiré, soit qu'il voulût juger par ses yeux du triomphe de ses amis, soit qu'il crût plus sûr d'être à l'abri de toute méprise. Je l'ai vu ramener, pâle, et s'efforçant en vain de s'excuser. Il mourait d'effroi. Il eût dû mourir de honte, en se voyant ainsi le jouet des vils instruments de son propre parti.

29 — Pautrizel, député de la Guadeloupe, « pour couronner dans cette heureuse « journée le glorieux triomphe du *peuple*, et prouver que les rassemblements ne « sont point composés de buveurs de sang, » demande l'abolition de la peine de mort. Des *non! non!* suivis de longs murmures, lui ont appris à mieux connaître ceux qu'il appelait *le peuple*, et qui étaient les vrais ennemis du peuple. Alors, il a excepté de sa proposition les émigrés, les fabricateurs de faux assignats, les traîtres, les conspirateurs, etc. Une voix a ajouté : *les assassins!* Il était difficile de prononcer là-dessus au milieu des brigands qui venaient de massacrer Féraud. La proposition n'a pas eu de suite.

30 — Quelques applaudissements sont partis d'une tribune. Ils recommençaient toutes les fois que Legendre voulait reprendre la parole. Un profond silence, au contraire, et même des signes d'improbation, ont accueilli les propositions faites contre les comités de gouvernement. La demande de l'ordre du jour sur ces propositions a renouvelé les applaudissements. Voici l'explication de ce fait :

Deux patriotes parisiens entrent dans une tribune. Deux patriotes bretons, dont l'un est commandant de la garde nationale de Brest, se dévoilent à eux par la manifestation du sentiment d'horreur qui leur était commun à tous. Ces quatre hommes osent démontrer à ceux qui les entourent que la Convention ne peut délibérer dans le tumulte et dans l'oppression, que de tels attentats perdent la république. Ils osent applaudir et huer conformément à ce qu'ils éprouvent. Leur fermeté impose; tout reste en silence autour d'eux, hors deux chefs d'émeute qui n'osent même se retourner pour les envisager.

Les deux Parisiens se rendent à leur poste avant de savoir la Convention délivrée; ils rencontrent un terroriste pérorant dans un gros de factieux. Ils lui imposent silence, personne n'ose leur répliquer, et ils reçoivent encore une fois la preuve que le courage de la vertu est bien puissant contre l'audace du crime.

31 — Quiconque a été témoin de cette scène à dû juger dans ce moment qu'il fallait prévenir, par la force, des violences que les traîtres ne tarderaient pas à commettre. Dans cette persuasion, trois patriotes, revenant des tribunes de la Convention au poste du comité militaire, montent à ce comité. L'un d'eux, au nom de tous, peint aux représentants Dentzel et Boudin les derniers crimes des factieux, leur position, la diminution de leur nombre, la possibilité de les réduire par un acte de force inattendu, la nécessité de prendre sans délai ce parti pour sauver la chose publique. « Nous jurons, ajoute-t-il, si les commissaires choisis « par les tyrans viennent ici pour exécuter leurs prétendus décrets, nous jurons « de les repousser ou de mourir. Mais faisons mieux : prévenons-les. Nous sommes « ici soixante hommes d'un bataillon qui mérite votre confiance (du Mont-Blanc); « faites-nous remplacer par d'autres troupes. Mettez-vous à notre tête, citoyens « représentants. D'après ce que nous avons vu, nous répondons de délivrer la Con- « vention. Guidés par vous, nous ferons fuir sans peine les lâches qui la tiennent « en ce moment sous le joug et consomment l'assassinat de la république. » Les représentants n'ont écarté cette proposition qu'en donnant l'assurance que les comités de gouvernement prenaient au même instant une mesure semblable, et en rappelant la nécessité qu'un dépôt de papiers aussi important que celui du comité militaire fût gardé par des hommes parfaitement sûrs. Ces patriotes, peu d'instants après, ont reçu le prix de leur zèle en apprenant l'heureuse délivrance de la Convention.

32 — « Je ne veux pas, dit Bourbotte en appuyant ces propositions, je ne veux « pas être envoyé au château de Ham... » Goujon et Soubrany disaient que c'était le moyen d'empêcher cette journée d'avoir la même issue que le 12 germinal.

33 — Un rassemblement ne se prolongera jamais bien avant dans la nuit, si l'on n'emploie des moyens extraordinaires pour le maintenir. Il sera peu à peu dissous par la fatigue, et surtout par l'habitude de prendre à une certaine heure du repos et de la nourriture. C'est ce qu'on observe à Paris et ce qu'y observait, il y a plus d'un siècle, l'homme qui a le mieux étudié les mouvements populaires, le cardinal de Retz. Invité par la cour à dissiper les rassemblements, le premier jour des barricades de la Fronde : « Je n'y eus pas beaucoup de peine, « dit-il, parce que l'heure du souper approchait. Cette circonstance vous paraî- « tra ridicule, mais elle est fondée; et j'ai observé qu'à Paris, dans les com- « motions populaires, les plus échauffés ne veulent pas ce qu'ils appellent *se « désheurer*. »

34 — Les scélérats subalternes avaient déjà indiqué cette mesure, en demandant, dès le début de leur triomphe, l'appel nominal, afin de mettre hors la loi tous ceux qui ne répondraient point. Ils ont souvent réitéré cette demande et ne

dissimulaient pas dans quelle intention elle était faite. Ils suivaient ainsi l'impulsion des chefs qui, dans ce cas comme dans tout le reste, n'ont pas osé les seconder.

35 — On accuse Gaston d'avoir partagé les cris de victoire. Il a nié le fait. Mais ce dont il ne peut se disculper, c'est d'avoir demandé la parole en faveur de Duroy, lorsque la Convention a fait justice de ce traître.

36 — Bourbotte, prieur (de la Marne), Romme, Goujon, Lecarpentier, Pinet aîné, Borde, Fayau, Rhull ; Duroy, l'un des quatre dictateurs, et qui, après le triomphe de la Convention, est allé se placer à droite, espérant que cette plate simagrée lui réussirait comme au 12 germinal.

Soubrany, ci-devant marquis, celui que les rebelles voulaient nommer général de la force armée de Paris.

Peyssard, ci-devant noble, et garde du corps de Louis XVI, complice de Lebas et de Robespierre.

Albitte aîné, l'un des dévastateurs de Lyon; il a indiqué le moyen de remplir le bureau vacant par la fuite des secrétaires et s'y est placé lui-même. Après l'infâme délibération des traîtres, il exhortait Vernier à prêcher l'union et la paix, afin que l'on ne pût dire que *les décrets n'étaient point l'ouvrage de la Convention.*

Duquesnoy, enfin, qui, à l'instant où l'on portait la tête de Féraud, remarquait avec joie et montrait en riant que les loges des journalistes étaient presque désertes. Duquesnoy avait ses raisons pour n'aimer pas les journalistes, comme certaines gens pour ne point aimer les réverbères.

37 — Dans un seul bataillon, l'on a compté plus de trois cents chapeaux sur lesquels les mots : *Du pain, et la constitution de* 1793, étaient écrits avec de la craie, d'un très-beau caractère, *et toujours de la même main.* Plusieurs observateurs en ont fait la remarque.

38 — Le capitaine des canonniers de Popincourt était nègre et se nommait Delorme. Ceux qui l'ont connu en 1789 lui eussent alors rendu un témoignage favorable. Bègue et borné, il sentait son incapacité et se tenait à sa place, ce qui est beaucoup dans un temps de révolution.

Mais à l'époque de septembre 1792, les émissaires de Marat et de Robespierre, répandus dans cette section comme dans toutes les autres, sont parvenus à l'égarer. La violence de son caractère et l'étendue de ses moyens physiques lui donnaient sur beaucoup d'individus un ascendant désastreux.

Lorsqu'il s'est vu arrêté, il s'est emporté avec fureur contre les canonniers de sa compagnie, qui l'avaient empêché de mettre le feu à un canon braqué sur la Convention. « Si vous m'aviez laissé faire, lâches! nous ne serions pas comme « nous sommes. »

Cet homme, d'une force prodigieuse, avait habituellement deux ou trois femmes vivant et logeant avec lui. Il savait, par sa sévérité, entretenir la paix dans ce singulier ménage, et s'y faire rendre les mêmes attentions que pourrait exiger une jolie femme d'une cour nombreuse d'adorateurs.

Il y a subi la peine de mort, le 5 prairial, en vertu d'un jugement de la commission militaire.

39 — Romme, Soubrany, Duquesnoy, Goujon, Duroy et Bourbotte prirent une parte active dans cette insurrection populaire, avec d'autres députés montagnards. Quand le calme fut rétabli dans la Convention, des décrets d'accusation furent lancés contre un grand nombre de représentants; ils furent jugés et condamnés à des peines sévères. Une commission militaire fut instituée pour juger les six dont les noms figurent dans cette *Journée* (1er prairial).

(BARTHÉLEMY; *Douze Journées*.)

40— Les six députés condamnés à mort, comme convaincus, entre autres délits, d'avoir *proposé* le renouvellement des autorités constituées depuis le 9 thermidor, eurent le courage de se poignarder en prison, avec un couteau et des ciseaux qu'ils avaient cachés dans la doublure de leurs habits. Duquesnoy disait en s'arrachant la vie : « Je désire que mon sang soit le dernier sang innocent que « la tyrannie fasse couler; puisse-t-il consolider la république! » Bourbotte dit à ses juges : « Les ennemis de la liberté ont seuls demandé mon sang. Mes derniers « vœux, mon dernier soupir, seront pour ma patrie. » On voit que les passions nous aveuglent tellement, que le suppôt de la tyrannie croit être excellent patriote et s'imagine être un homme vertueux. De ces six anarchistes que l'erreur avait entraînés, ainsi que tant d'autres, il n'y en eut que trois qui purent être conduits vivants à l'échafaud, Soubrany, Duroy et Bourbotte. Duroy disait en allant à la mort : « Voilà les aristocrates qui jouissent de ce que je suis malheureux! Mes « mains étaient-elles faites pour être liées par le bourreau? » Quant aux trois autres que l'on crut morts, les chirurgiens en rappelèrent deux à la vie : Romme, qui eut le bonheur de passer à Saint-Pétersbourg, où il avait fait l'éducation du fils du comte Strogonoff; et Goujon, qui ne survécut que six semaines à son suicide.

(*Histoire de la révolution française, publiée en* 1803).

Les six députés furent condamnés à mort le 26 prairial an III (14 juin 1795), après une défense pendant laquelle ils montrèrent autant de présence d'esprit que de courage. A peine venaient-ils d'être ramenés dans la salle où ils étaient déposés en attendant le moment du supplice, que l'un d'eux se frappa d'un couteau qu'il avait soustrait aux regards de ses surveillants. Il tomba mort. Un autre se saisit du même couteau, se frappa et tomba près de lui; le troisième imita leur courage et mourut comme eux. Le quatrième, le cinquième, le sixième, se frappèrent presque dans un même instant; mais ils furent moins heureux, car ils respiraient encore lorsque l'exécuteur arriva. Les trois premiers n'étaient plus, les autres étaient expirants. Bourbotte fut du nombre de ces derniers. Nous avons vu les uns déjà morts; nous avons suivi les autres jusqu'à l'échafaud : Bourbotte y monta le dernier. Une circonstance prolongea son supplice et le rendit plus affreux : l'exécuteur, au moment où la tête de Soubrany venait de tomber, avait oublié de relever la hache; il ne s'en aperçut que lorsque Bourbotte, étendu sur la fatale planche, fut poussé contre le fer. Il fallut le relever jusqu'à ce que l'instrument de mort eût été suspendu de nouveau; ses traits n'étaient point altérés; le sourire était sur ses lèvres; il prononça quelques mots que le bruit de la foule rassemblée au pied de l'échafaud ne permit pas d'entendre, et fut frappé au même instant. Jamais, dans une situation plus terrible, on n'a montré un plus sublime courage que ces victimes du fanatisme révolutionnaire.

(*Biographie des Contemporains*).

41 — Tallien, lors de l'insurrection du 1er prairial, où l'on vit des agents du royalisme se mêler aux instruments de l'anarchie, continua à développer un grand courage. Quoiqu'il n'ignorât pas que sa tête fût mise à prix, on le vit, au milieu de tous les rassemblements, braver les poignards qui venaient d'assassiner le malheureux Féraud, dont la consonnance de nom avec celui de Fréron avait causé la mort. Le 4 prairial (23 mai), il annonça que les troupes et les citoyens marchaient sur les faubourgs, et informa la Convention que le scélérat qui avait promené la tête de Féraud au bout d'une pique venait d'être arrêté. Quelques jours après, il fit décréter le rappel de tous les députés en mission.

Tallien épousa, en 1793, la belle et intéressante madame de Fontenay, qui lui devait la vie, laquelle est devenue la femme de M. le prince de Chimay, qui réside à Bruxelles.

Dans la journée exécrable du 2 septembre 1792 il est certain que plusieurs personnes, dévouées à une mort certaine, lui durent la vie; ce fut lui qui, dans la journée, chargé par la commune d'accompagner Mme de Staël hors des barrières de Paris, se rendit chez elle pour exécuter cette commission et trouva dans son salon plusieurs individus dont le nom seul prononcé eût été leur arrêt de mort. Le secret fut demandé à Tallien par Mme de Staël; il le promit et garda sa promesse.

Tallien, nommé administrateur du droit d'enregistrement et des domaines nationaux, membre de l'Institut, travailla au Caire à un journal intitulé *la Décade Égyptienne*. Cependant, des nuages s'élevèrent bientôt entre le général en chef et lui; et, après le départ de Bonaparte pour la France et l'assassinat de Kléber, la mésintelligence devint si forte entre Tallien et le général Menou, qui avait pris le commandement de l'armée, que ce général le fit partir pour la France, ayant eu soin de l'y faire devancer par une dénonciation dont l'effet devait être de le faire arrêter en mettant le pied sur le territoire français. Heureusement pour Tallien, il fut enlevé dans son passage par un vaisseau anglais et conduit à Londres, où l'opposition le consola de sa captivité par le plus brillant accueil. On le conduisit à une séance du parlement, qui le reçut avec intérêt et distinction. Tout le temps de son séjour à Londres fut une succession non interrompue de fêtes, parmi lesquelles on distingua surtout celle qui lui fut donnée par le club des whigs. La duchesse de Devonshire, si célèbre par sa beauté, son immense fortune et son attachement à la cause de la liberté, envoya à Talien son portrait entouré de diamants. Il garda le portrait, renvoya les diamants et ajouta par cette noble conduite à la bonne opinion qu'on avait déjà conçue de lui.

(*Ibid.*)

42 — Chénier se montra toujours digne du caractère dont il était revêtu. Le premier prairial, il amena lui-même dans la salle de la Convention un détachement de citoyens armés pour la défendre, et fit décréter, peu de jours après, que des honneurs funèbres seraient rendus à la mémoire du député Féraud, assassiné dans cette journée. Sincèrement dévoué à la cause de la république, Chénier ne s'éleva pas contre les crimes de la réaction et la terreur royale, avec moins d'énergie qu'il ne l'avait fait contre ceux de la tyrannie des décemvirs.

(*Ibid.*)

43 — Germain est né à Gimeaux; il étudia les mathématiques et la physique sous Romme, son maître, qui, élu député, l'amena à Paris. Ce jeune homme était très-exalté et un des grands partisans du système qui a perdu Soubrany, Duroy, etc.

Ce même jeune homme est, dit-on, un de ceux qui sauvèrent Romme et qui parvinrent à le transporter hors de France.

(*Ibid.*)

44 — C'est cet homme qui, dans l'Assemblée, criait à J. Chénier : Allez vous-en tous, tas de j... f....., nous allons former la Convention nous-mêmes. Chénier lui répondit que sa place était là et qu'il y périrait s'il le fallait.

Binel disait le 2 prairial au matin : « Nous verrons aujourd'hui si cela finira « comme hier... je n'ai plus qu'*une pièce et demie de vin* dans ma cave; mais c'est « égal, je compte bien tout donner aujourd'hui, pour que ça aille. »

45 — Ce député jouissait d'une très-grande considération, il avait l'estime de tous ses collègues. La postérité n'a pu s'empêcher de répéter ce qu'il disait lui-même : « qu'étranger à tous les partis, ennemi de toutes les factions, ses mains furent toujours aussi pures que son cœur. »

(*Ibid.*)

46 — Romme avait des talents, une grande instruction, travaillait beaucoup; c'est lui qui fit abolir le calendrier grégorien. Toujours placé vers le sommet de la Montagne, Romme ne s'est cependant jamais fait remarquer par des discours sanguinaires ou par une conduite cruelle pendant ses missions. Ce ne fut que plusieurs mois après la chute des décemvirs qu'il s'identifia en quelque sorte avec les tyrans en se mettant à la tête des brigands qui, l'ayant proclamé président dans la journée du 1er prairial an III, avaient excité contre la Convention l'insurrection dont le but était de rétablir la terreur. Décrété d'arrestation dans la séance de nuit qui suivit cette journée, et d'accusation le lendemain, Romme fut livré à une commission militaire séante à l'ancien hôtel de la mairie de Paris, rue des Capucines, et condamné à mort le 26 prairial an III (14 juin 1795), avec ses collègues Soubrany, Duquesnoy, Goujon, Duroy et Bourbotte. Ramené dans la chambre de dépôt jusqu'au moment du supplice, il se frappa d'un couteau, tomba du coup et parvint ainsi à se soustraire à l'échafaud.

Romme avait été cultivateur à Gimeaux; ensuite il professa avec succès les mathématiques et la physique.

(*Ibid.*)

47 — Allaigre était un des plus féroces de la bande infernale; il était toujours ivre. Sa joie était extraordinaire après le massacre de Féraud; on l'entendit dire à la Belair : « Hein ! je n'aurai de joie et de plaisir que lorsque le dernier cœur « de ces lâches-là sera aussi bien traversé que la tête de ce f.... Féraud. » Allaigre était l'ami intime du tisserand Radi, un des plus cruels terroristes.

(*Biographie des Contemporains.*)

48 — Vernier partagea avec Boissy d'Anglas tous les dangers de la journée du 1er prairial, pendant laquelle il présida; il montra dans cette grave circonstance un courage et une fermeté qu'on n'eût pas dû attendre d'un vieillard. Vernier était alors âgé de 60 et quelques années.

(*Ibid.*)

49 — André Dumont présida l'Assemblée par intervalles avec Boissy et Vernier pendant la journée du 1er prairial, et se conduisit avec beaucoup de vigueur dans cette circonstance importante, où tant de dangers menaçaient la tête des députés qui, restés fidèles à leurs devoirs, étaient décidés à sacrifier leur vie pour prévenir le retour de la terreur. Sorti du conseil des cinq-cents en 1797, André Dumont fut nommé, après le 18 brumaire, sous-préfet à Abbeville, où il s'efforça de faire oublier ses anciens torts par une administration sage. Resté dans cette place jusqu'à l'époque de la restauration, il la perdit alors, et fut nommé, après le 20 mars, à la préfecture du Pas-de-Calais. Demeuré sans fonctions lors du second rétablissement des Bourbons, la loi du 12 janvier 1816 l'a forcé de quitter la France.

(*Ibid.*)

50 — Kervélégan n'était pas orateur, mais il était un des plus braves de la Convention; il eut avec ses collègues plusieurs altercations, entre autres avec Mirabeau, contre lequel il se battit au pistolet.

Kervélégan, attaché aux principes d'ordre et de justice, s'unit étroitement au parti de la Gironde, et dénonça, en 1792, la feuille incendiaire de Marat.

Déclaré hors la loi, il réussit à se soustraire à la mort. Plus tard, rentré dans le sein de la Convention, il devint membre du comité de sûreté générale.

Ce député montra le plus grand courage lors de l'insurrection du premier prairial, où il fut grièvement blessé au genou et à l'épaule.

Un nommé Sevin, renommé pour son atrocité, ayant remarqué son courage et son audace dans le salon de la Liberté, jura de tuer Kervélégan; à cet effet il s'introduisit dans la salle et, l'ayant aperçu, il courut sur lui armé d'un large partrait et suivi d'un chien énorme. Kervélégan eût sans doute été massacré, si un porteur d'eau, nommé Goupillon, homme d'une très-grande force, n'eût, en retenant le bras de Sevin, donné à Kervélégan le temps de fuir.

(*Ibid.*)

51 — Lors des insurrections du premier avril et du 19 mai 1795, Legendre montra un courage et une activité infatigables, marcha plusieurs fois à la tête des troupes qui délivrèrent la Convention et contribua à son triomphe. En mourant il légua

son corps à la faculté de médecine, « afin, dit-il dans son testament, d'être utile « aux hommes même après sa mort. »

(*Biographie des Contemporains.*)

52 — Clauzel est un conventionnel qui, au commencement de la séance de la journée du premier prairial, découvrit sa poitrine aux citoyens des tribunes en s'écriant : « Ceux qui nous remplaceront, en marchant sur nos cadavres, ne « travailleront pas avec plus de zèle au salut du peuple. Citoyens, songez-y bien, « les chefs du mouvement seront punis, et le soleil ne se couchera pas sur leurs « forfaits. »

C'est Clauzel qui, vers les onze heures du soir, fit décréter la formation immédiate d'une commission militaire pour juger tous ceux qui avaient pris part à l'insurrection.

(*Ibid.*)

53 — Monroe (James) né dans l'État de Virginie, vers 1757 d'une famille peu aisée; il reçut néanmoins une bonne éducation au collége de Williamsburgh, et fut destiné à suivre la carrière du barreau sous les auspices de M. Jefferson, qui a conservé pour lui une vive amitié. A peine avait-il atteint vingt-un ans qu'il fut nommé député au congrès, poste qu'il quitta bientôt pour rentrer dans l'armée, au commencement de la guerre de l'indépendance. Il servit avec beaucoup de bravoure, reçut une blessure dont il porte encore les marques, et il était colonel au moment où la paix fut signée. A cette époque, il abandonna la carrière militaire pour reprendre les occupations paisibles du barreau, qu'il continua peu de temps ayant été de nouveau nommé au congrès, où il fut réélu pendant dix ans sans interruption. En 1794, M. Monroe fut nommé ambassadeur à Paris, et admis, le 15 août, en cette qualité à la Convention, où il reçut du président l'accolade fraternelle. Il arriva en France dans des circonstances extrêmement délicates; en même temps que l'Amérique était en froideur avec l'Angleterre, ses relations avec la France étaient sur le point d'être interrompues. On doit surtout attribuer le peu de succès des négociations qu'il dirigea à l'injustice et à la rapacité des chefs de la république française, et à leurs fréquentes mutations. Après deux ans de résidence à Paris, il fut accusé par l'administration de Washington de trop de complaisance pour le directoire, fut rappelé et vivement censuré. Le directoire, qui avait pour lui la plus haute considération, refusa à cette époque (1795) de recevoir M. Pinkney en remplacement de Monroe. Le premier était suspect à cause de la partialité que l'on supposait pour l'Angleterre au président du congrès, J. Adams, qui l'avait fait nommer. Néanmoins, les intérêts communs des deux républiques firent bientôt cesser ce différend. Monroe arriva en Amérique en 1797 et demanda au secrétaire d'État une déclaration écrite contenant les motifs de son rappel. Le parti fédératif, qui avait pour chef Washington, et le parti républicain étaient alors en présence, et remplissaient de leurs dissensions les journaux et les séances même du congrès. M. Monroe, qui était républicain prononcé, craignit que les mesures de ses adversaires ne tendissent à mettre en danger les institutions de sa patrie et n'introduisissent bientôt l'aristocratie et le despotisme. Il crut

devoir soumettre au public sa propre conduite et celle de l'administration, dans un écrit imprimé, renfermant toute sa correspondance pendant son séjour en France, avec des observations préliminaires. Cet ouvrage fut réimprimé à Londres, en 1798, vol. in-8°, sans les observations. Sa justification parut complète.

M. Monroe fut élu président des États-Unis, en remplacement de M. Maddisson, à une majorité de cent soixante-dix contre quarante.

Dans toutes les négations qu'a faites Monroe et dans ses actes en général, il a tenu une conduite fort habile; les Français ont beaucoup de considération et d'estime pour son beau caractère.

(*Biographie des Contemporains.*)

NOTES GÉNÉRALES

Les intentions des insurgés n'étaient pas équivoques. Le citoyen Boursault, se rendant à la Convention, a failli plusieurs fois être assassiné, parce qu'on le reconnut pour un représentant du peuple. Les femmes surtout s'acharnaient contre lui, en criant : « C'est un député, un scélérat ! »

—

On sait qu'un homme a dit à Bâle, à l'époque du 1er prairial, qu'il allait annoncer à l'armée de Condé la dissolution de la Convention nationale.

Un royaliste s'écriait le 2 prairial, devant un patriote qui me l'a redit : « Le « coup est manqué..... cela est désolant. »

—

Un citoyen (je tiens également le fait de lui-même) était le 3, à dix ou douze lieues sur la route de Paris. Dans une auberge isolée on s'informe s'il va à Paris, et, sur sa réponse affirmative, on lui demande s'il est républicain. Il réplique avec fermeté qu'il l'est et qu'il en a donné des preuves. « Eh ! bien, » reprend l'interlocuteur, « vos républicains et vous, vous serez tous guillotinés avant trois jours. »

La perfidie des chouans, qui viennent de rompre ouvertement un traité auquel on ne pouvait reprocher que trop d'indulgence pour les rebelles, et les derniers troubles de Lyon, se rapprochent encore de la même époque.

—

Voici un fait qui peut donner à penser aux incrédules. A la fin de septembre 1791, un citoyen, nommé à l'Assemblée législative, lie connaissance avec un collaborateur du journal d'Audouin, journal alors rédigé dans les meilleurs principes.

Celui-ci dit, en parlant de la constitution de 1791 : « Elle ne tiendra pas; il va « s'établir entre le pouvoir législatif et l'exécutif une guerre à mort. Le dernier « succombera probablement. Alors on établira une république. Elle durera peut-« être un ou deux ans; peut-être cinq ans..... Fût-ce encore douze ans après, « vous aurez enfin sur le trône non le *d'Orléans* père, il est trop taré, mais l'un « de ses enfants. »

—

Le 1er prairial, tandis que les hommes souillés du sang de Féraud tenaient la Convention sous le joug, le député Guffroy était dans les couloirs au milieu des révoltés, buvant et fraternisant avec eux. Il s'en est vanté lui-même devant le citoyen d'après le rapport duquel ce fait est venu à ma connaissance.

PARIS. — IMPRIMERIE DE J. CLAYE, RUE SAINT-BENOIT, 7.

www.ingramcontent.com/pod-product-compliance
Lightning Source LLC
LaVergne TN
LVHW020347230826
846091LV00003B/1029

* 9 7 8 2 0 1 3 6 1 6 3 7 9 *